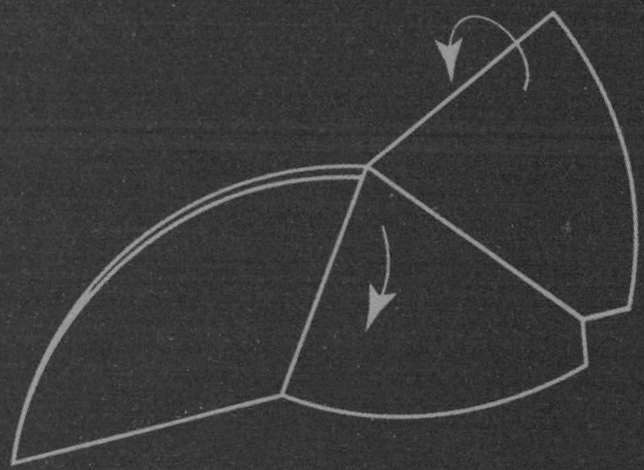

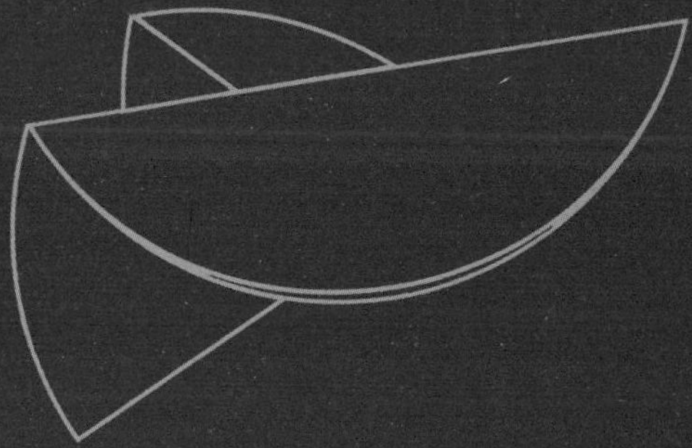

Une Édition du Club France Loisirs, Paris, avec
l'autorisation des éditions Casterman,
Éditions France Loisirs,
123, boulevard de Grenelle, Paris
www.franceloisirs.com

N° d'éditeur : 41238
ISBN : 2.7441.7673.7
Dépôt légal : janvier 2005

Le grand livre des PLIAGES FACILES

Maryse Six

ÉDITIONS FRANCE LOISIRS

Table des matières

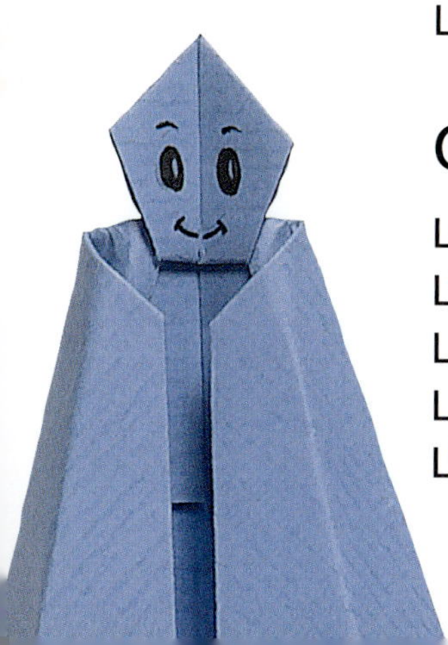

Introduction

Magie du papier

D'une petite feuille carrée, de quelques plis, surgissent mille sujets. L'origami, qui signifie « pliage de papier » en japonais, est une ancienne tradition qui a largement dépassé les frontières du pays du soleil levant.

Outre le papier d'origami que vous trouverez dans les papeteries, vous pouvez utiliser des feuilles ordinaires de couleur, ou du papier cadeau.

Le résultat est encore plus joli si le recto et le verso sont de couleurs différentes. Assurez-vous que le papier soit fin et solide, qu'il conserve bien les plis sans se chiffonner et qu'il soit exactement mesuré.

Univers ludique, l'origami offre aux instituteurs et aux animateurs un bon outil pédagogique.

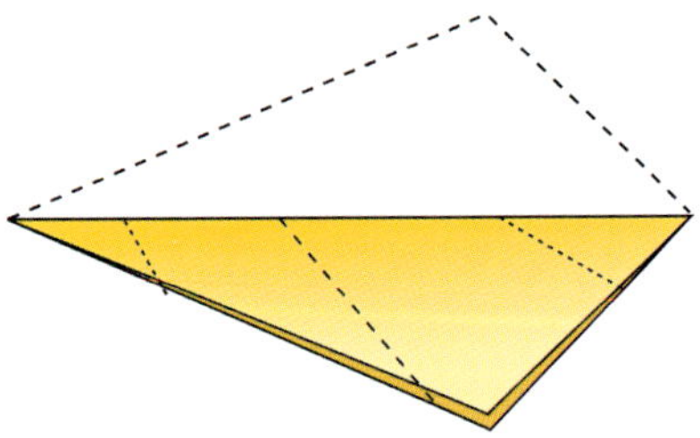

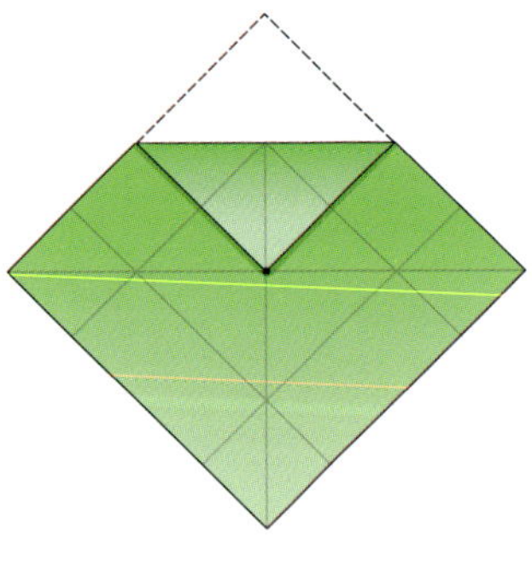

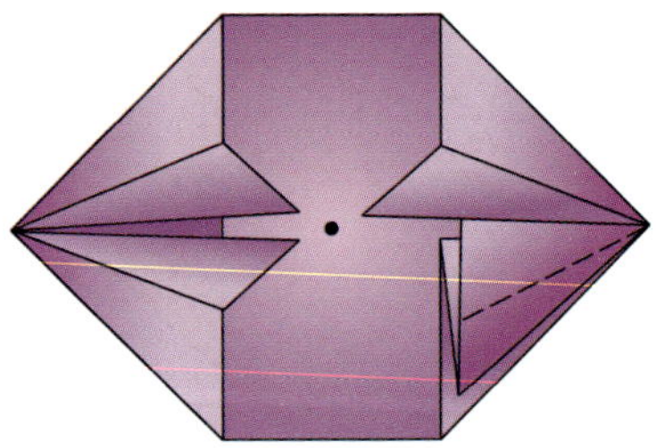

Explication des logos

- facile
- moins facile
- un peu moins facile
- rapide
- moins rapide
- long

La première étape de l'activité est simplement démonstrative, en raison de la difficulté pour l'enfant de transposer le schéma à la pratique.

La deuxième étape, la réalisation, stimule la mémoire et la dextérité du jeune bricoleur.
De plus, elle lui permet de laisser vagabonder son imagination pour décorer, personnaliser sa création par les atouts du coloriage et du collage.

Pour faciliter la compréhension des pliages, vous pouvez réaliser un gabarit aux dimensions représentées par le premier dessin. Observez bien l'emplacement des pointillés afin de respecter les proportions des figures.

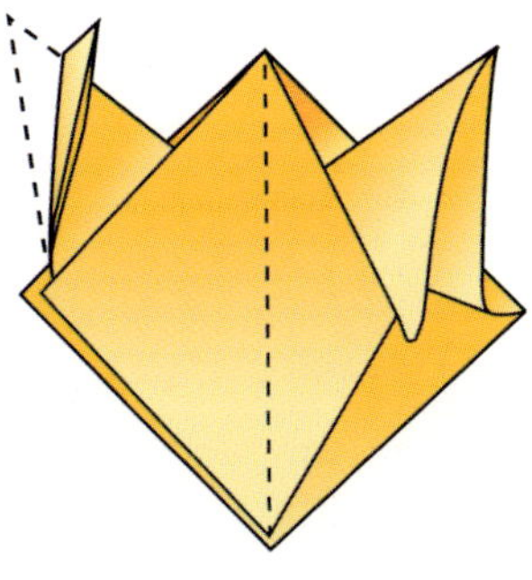

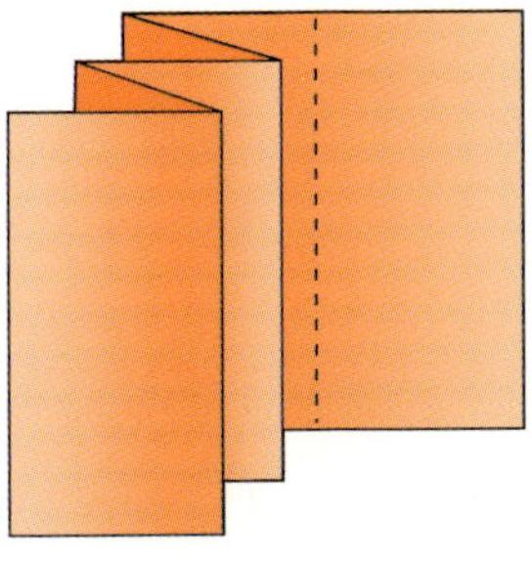

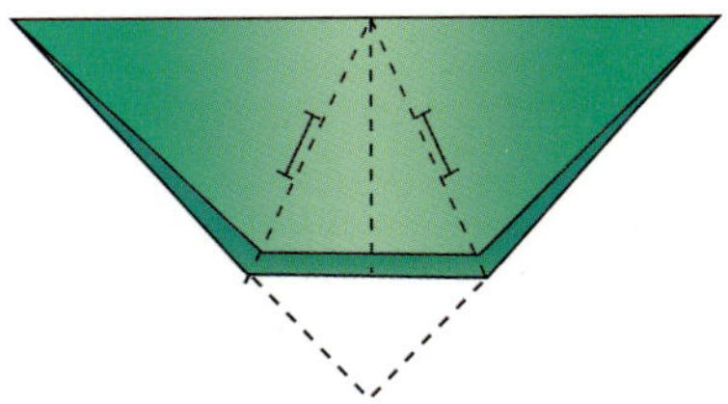

LES ANIMAUX

Le lion

MATÉRIEL

- une feuille de papier carrée de 25 x 25 cm
- un crayon noir • des ciseaux • 2 pastilles de couleur

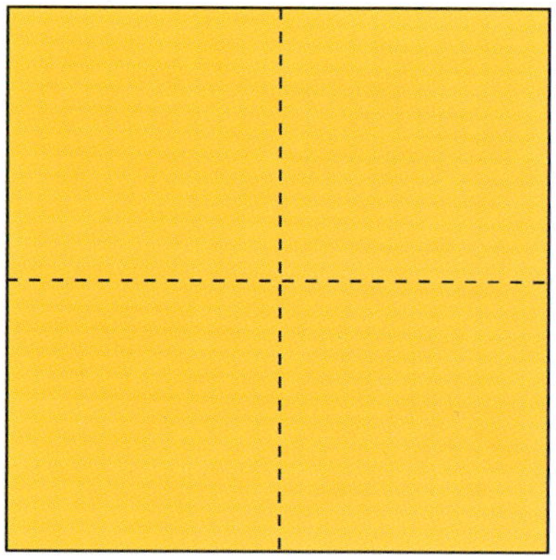

1 Pliez en deux votre papier dans un sens puis dans un autre afin de marquer les plis des deux médianes.

2 Rabattez les quatre angles vers le centre. Vous obtenez un carré que vous retournez.

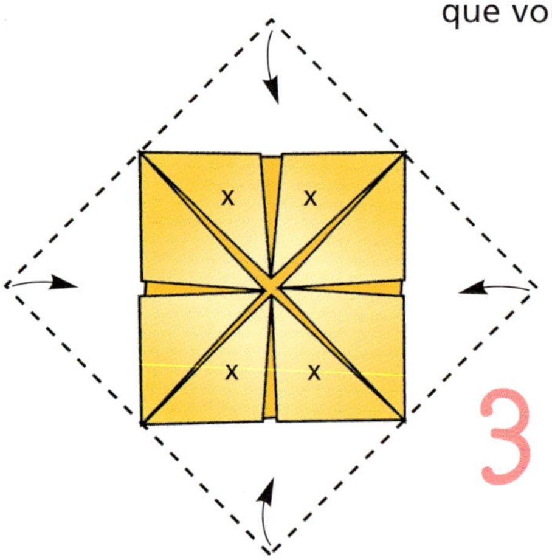

3 Rabattez de nouveau les quatre angles vers le centre. Posez un point de colle à l'emplacement des croix.

Pliez la figure en deux et pressez bien pour que ça colle. Glissez les doigts dans les poches ainsi obtenues.

4

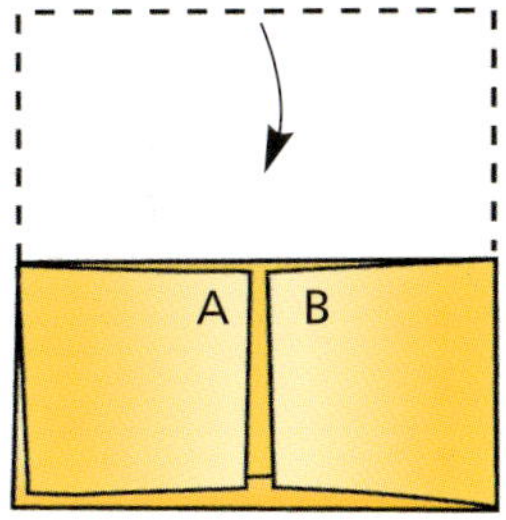

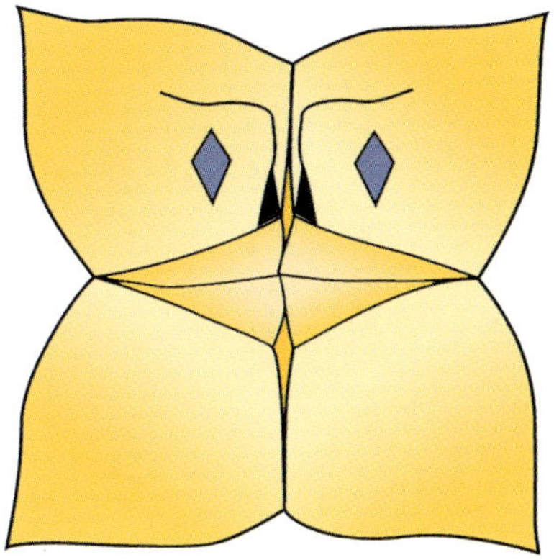

5 Tenez la tête du lion face à vous. Dessinez les yeux et le nez.

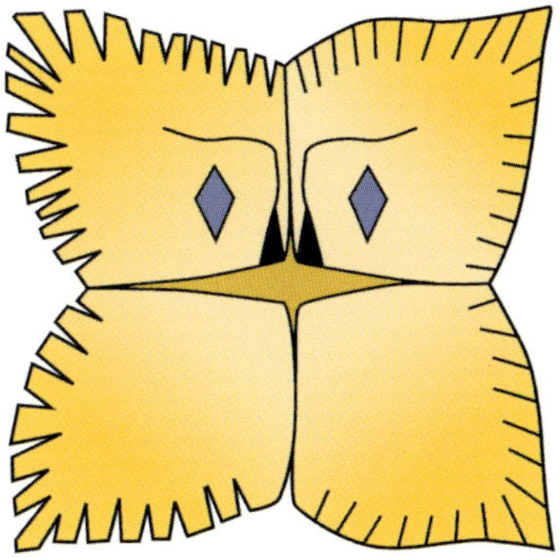

6 Avec des ciseaux, entaillez le pourtour pour imiter la crinière et les oreilles.

Le serpent

MATÉRIEL

• un crayon • une règle • des ciseaux
• de la colle • du papier vert foncé, vert clair, rose

1 Découpez :
- 3 carrés vert foncé de 6 cm,
- 3 carrés vert clair de 6 cm,
- 1 carré vert foncé de 4 cm,

2 triangles roses dans un carré de 1,5 cm de côté

une langue rose de 4 cm x 0,5 cm.

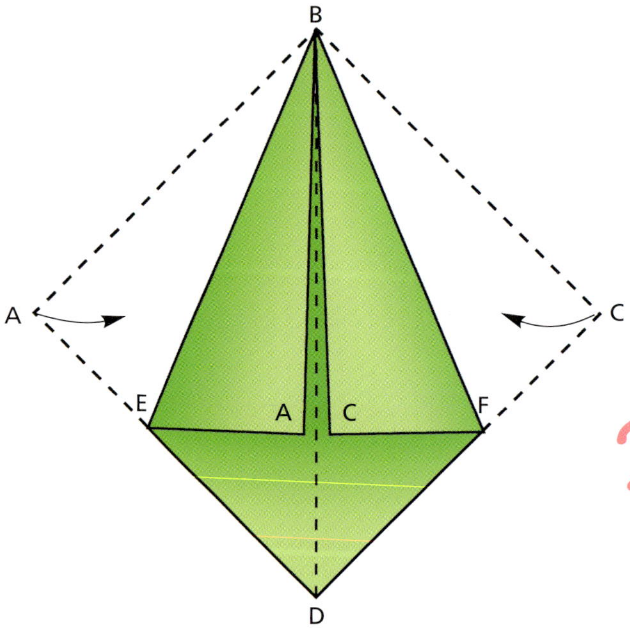

2 A chaque carré, marquez le pli diagonal BD. Rabattez les angles A et C sur cette diagonale. Après cette étape, conservez un carré vert foncé pour la tête (pliage fini).

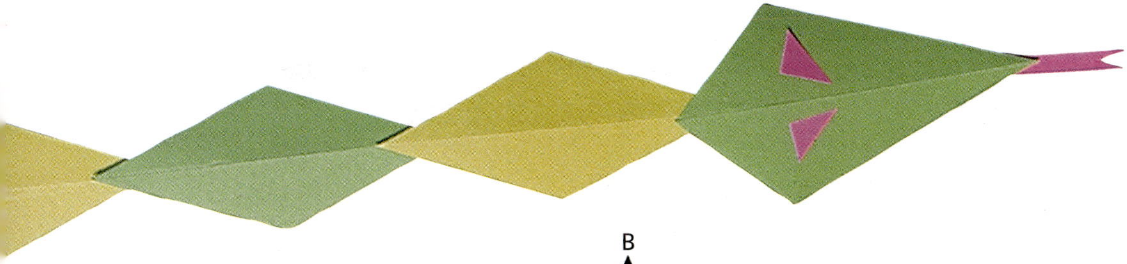

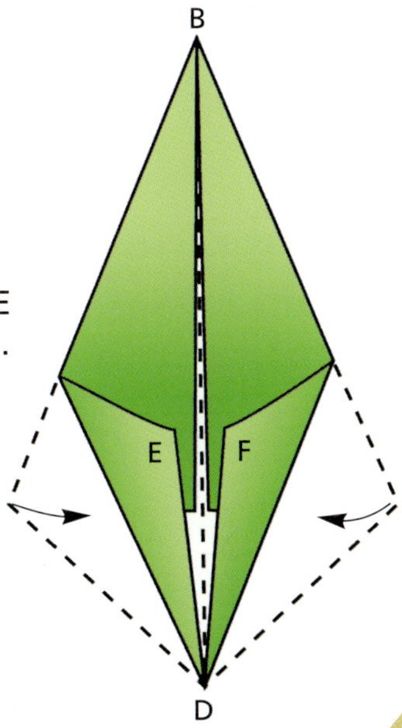

3 Rabattez les angles E et F sur la diagonale.

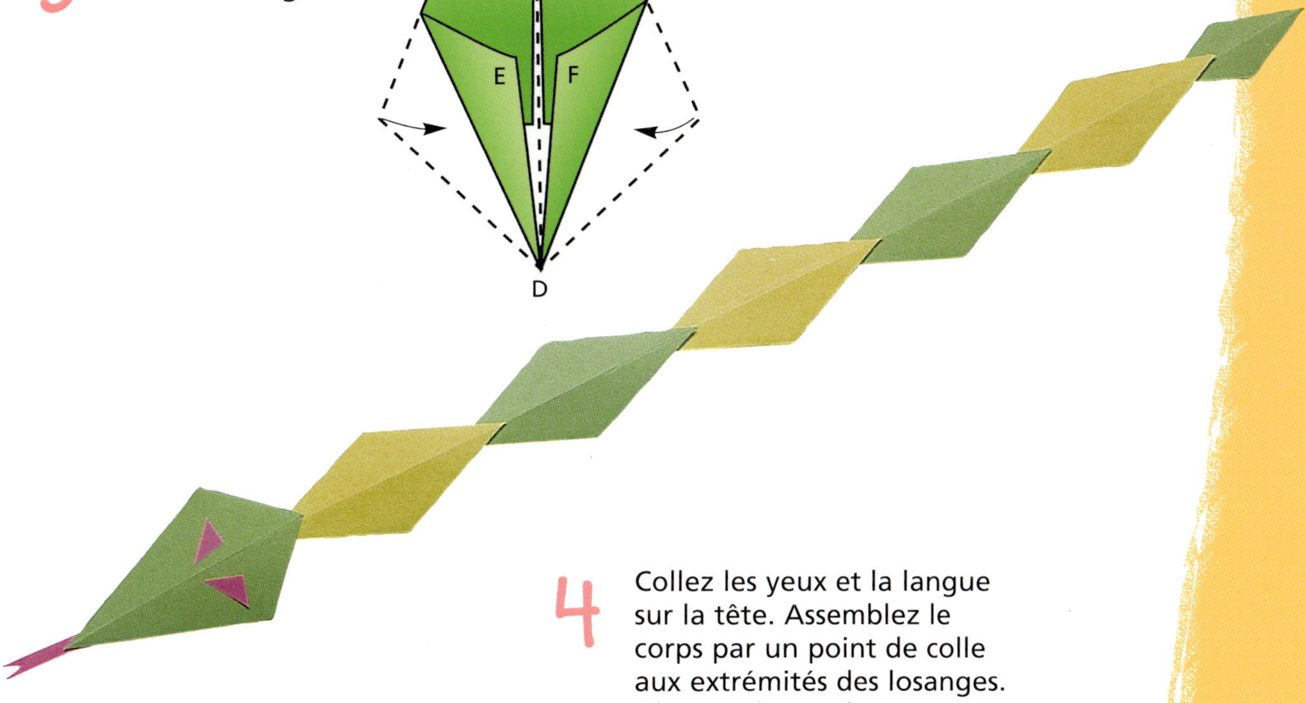

4 Collez les yeux et la langue sur la tête. Assemblez le corps par un point de colle aux extrémités des losanges. Alternez les couleurs et terminez par le petit carré plié de 4 cm.

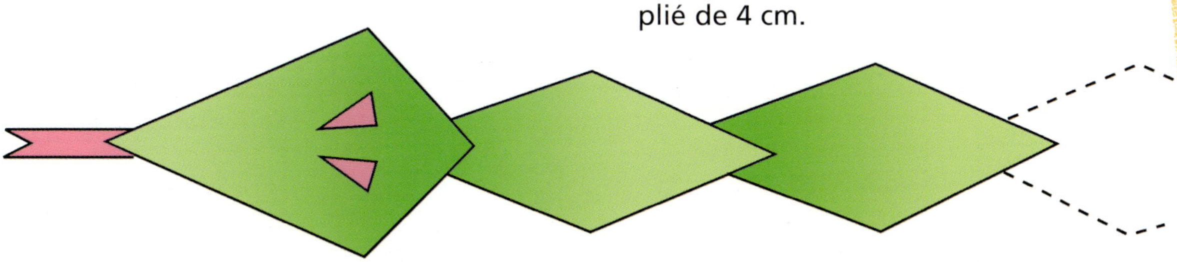

La grenouille

MATÉRIEL

- une feuille verte • deux pastilles jaunes autocollantes
- des ciseaux • gabarit du cercle • des crayons

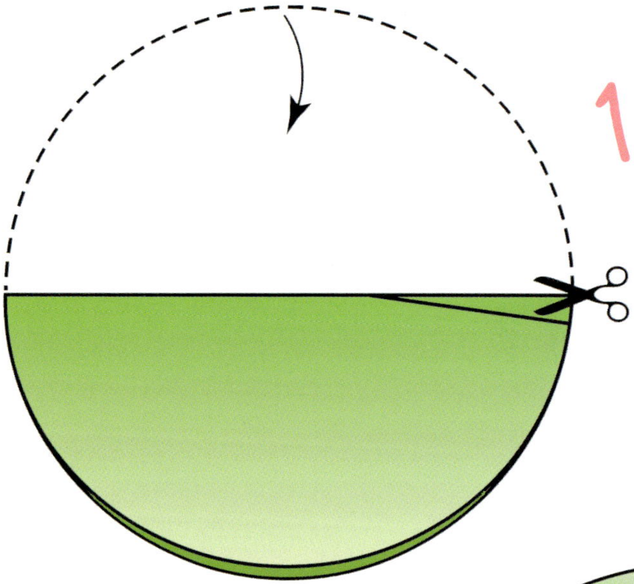

1 Préparez un cercle de 10 cm de diamètre dans un papier vert. Découpez une fente de 3,5 cm à droite du pli central. Pliez votre cercle en deux.

2 Relevez séparément chaque demi-cercle vers le haut comme l'indique le dessin.

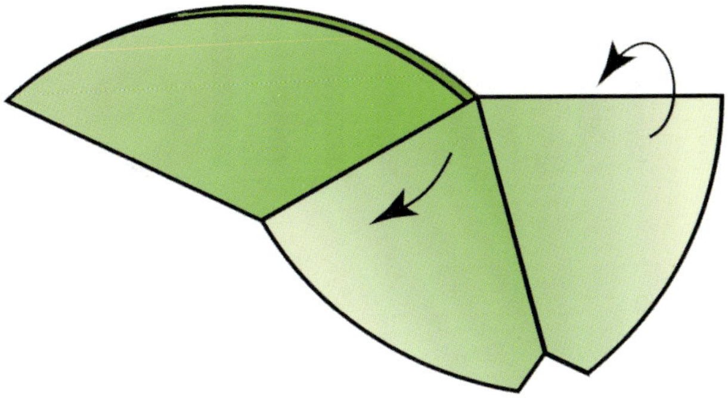

3 Rabattez ensuite les pattes de chaque côté.

4 Redressez votre grenouille sur ses pattes en les écartant légèrement. Réalisez ses yeux avec des pastilles jaunes ou avec un marqueur.

La grenouille réversible

MATÉRIEL

- une feuille carrée verte de 10 x 10 cm assez épaisse
- des ciseaux ou un cutter • une règle
- deux petites boules jaunes en mousse

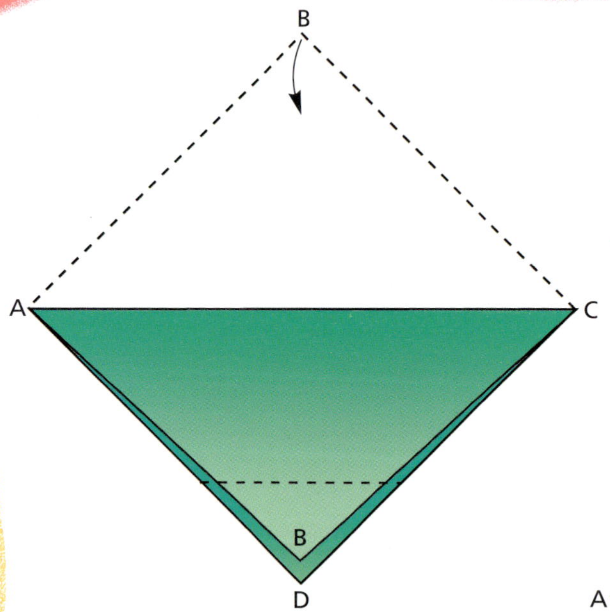

1 Pliez la feuille verte en deux, le long de la diagonale AC. A 2,5 cm du bord, marquez le pli horizontal et rentrez les pointes B et D dans la figure.

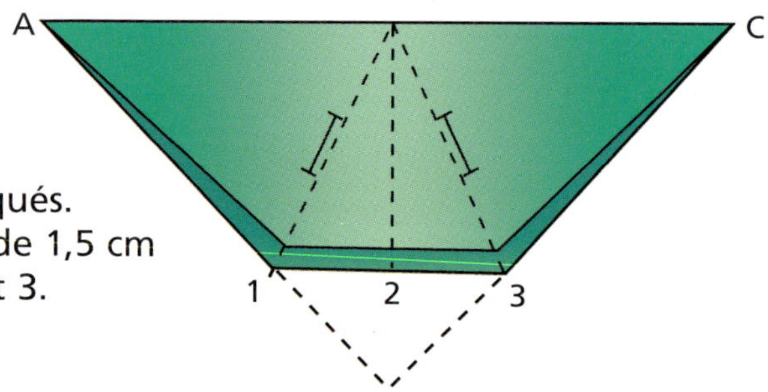

2 Marquez les plis indiqués. Réalisez deux fentes de 1,5 cm au centre des plis 1 et 3.

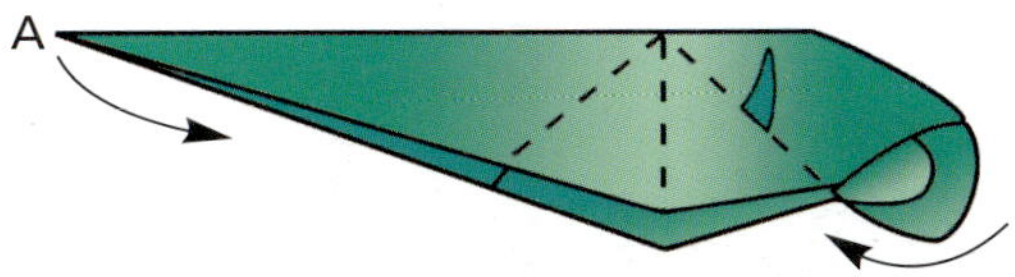

3 Glissez les pointes A et C dans chaque fente en arrondissant bien les côtés. Ouvrez la bouche en suivant les plis.

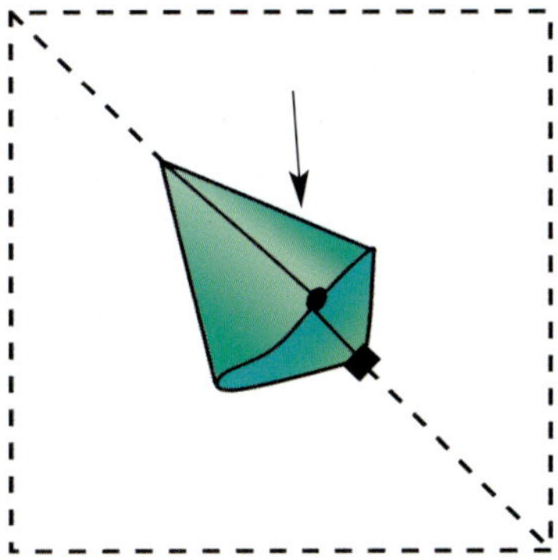

4 Pour « les yeux fermés » : ouvrez la pointe et aplatissez-la.

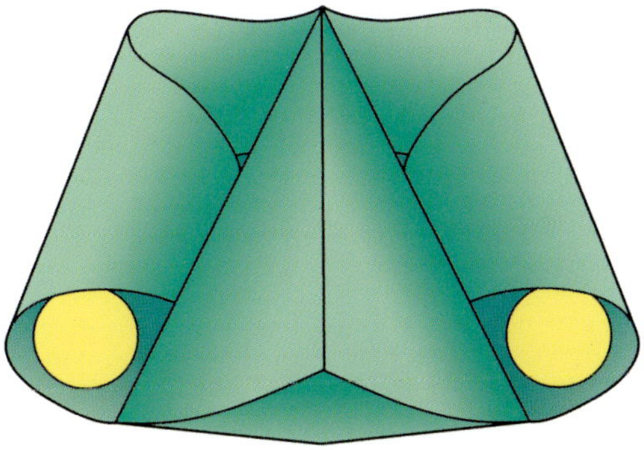

5 Du côté arrondi, ajoutez les boules pour « les yeux ouverts ».

Faites sauter la grenouille en appuyant rapidement sur la bouche bien ouverte. Elle se retourne !

L'oiseau

MATÉRIEL

- une feuille de papier de couleur • des ciseaux • des crayons
- gabarit de l'oiseau • un marqueur bleu

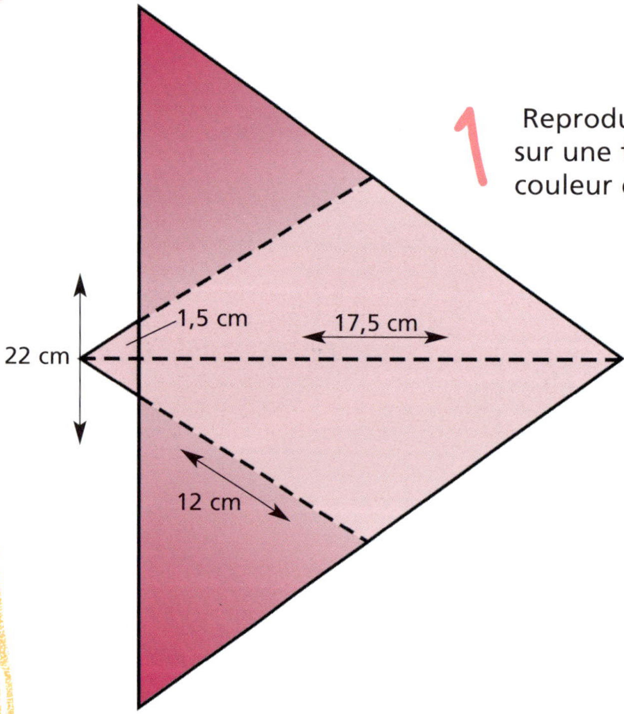

1 Reproduisez le gabarit de l'oiseau sur une feuille de papier de couleur et découpez-le.

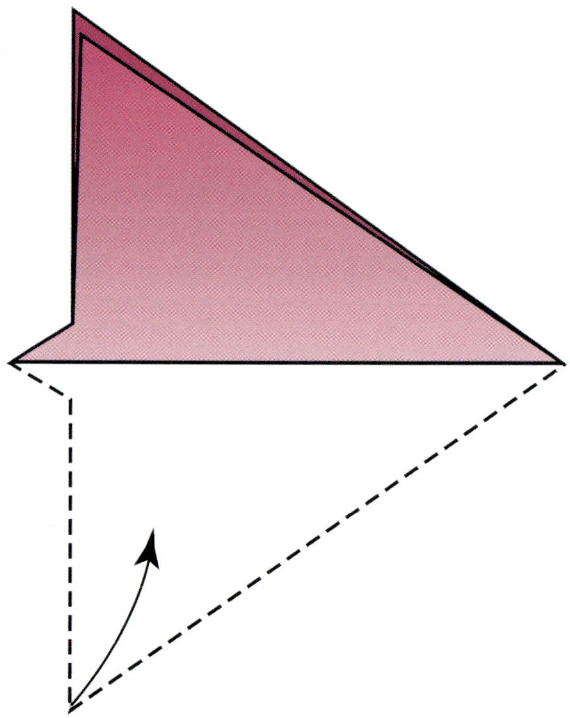

2 Pliez l'oiseau en deux en joignant les ailes.

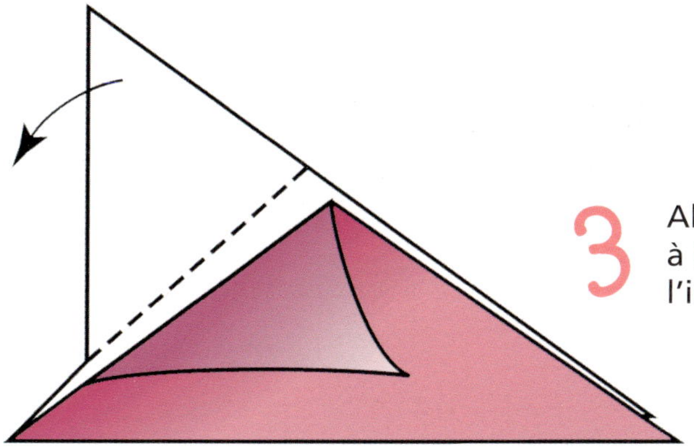

3 Abaissez le haut des ailes à l'horizontale comme l'indique le dessin.

4 Dessinez la tête et les yeux. Si vous désirez réaliser un mobile, fabriquez plusieurs oiseaux.

Le lapin

MATÉRIEL

• un crayon • des ciseaux • une feuille de papier carrée de 20 x 20 cm

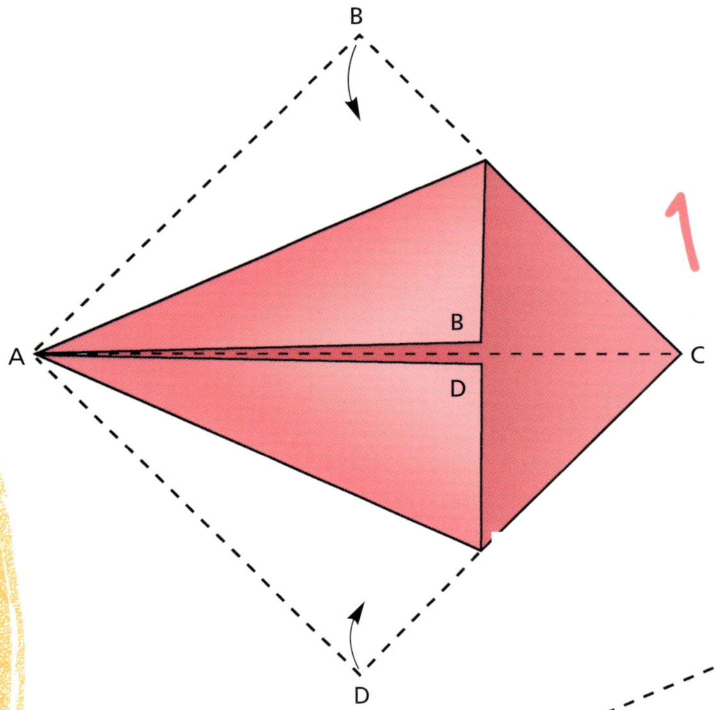

1 Marquez le pli diagonal AC. Rabattez les angles B et D sur cette diagonale.

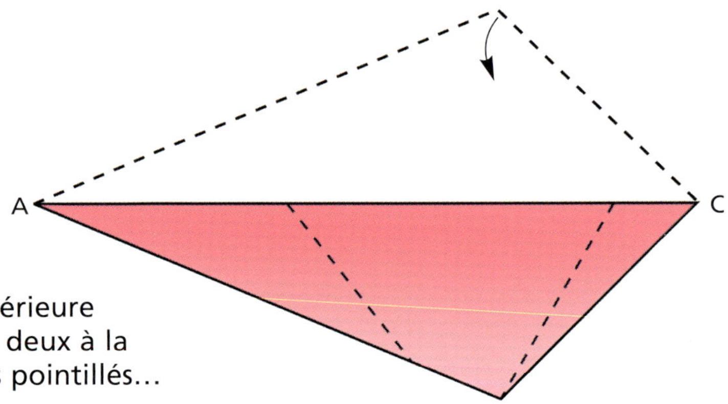

2 Abaissez la partie supérieure en pliant la feuille en deux à la diagonale. Suivant les pointillés…

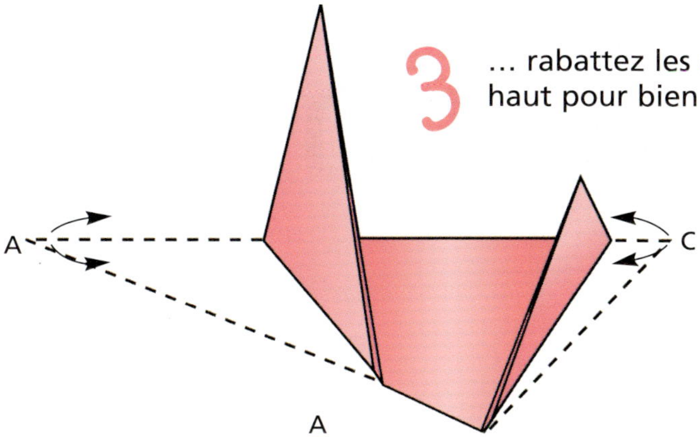

3 … rabattez les angles A et C vers le haut pour bien marquer les plis.

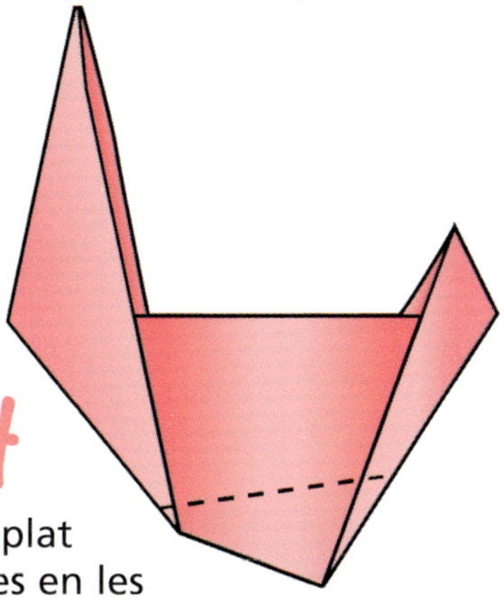

4 Mettez la figure à plat et relevez les angles en les poussant vers l'extérieur tout en refermant de nouveau la figure. Vous réalisez ainsi deux plis inversés extérieurs. Suivant les pointillés…

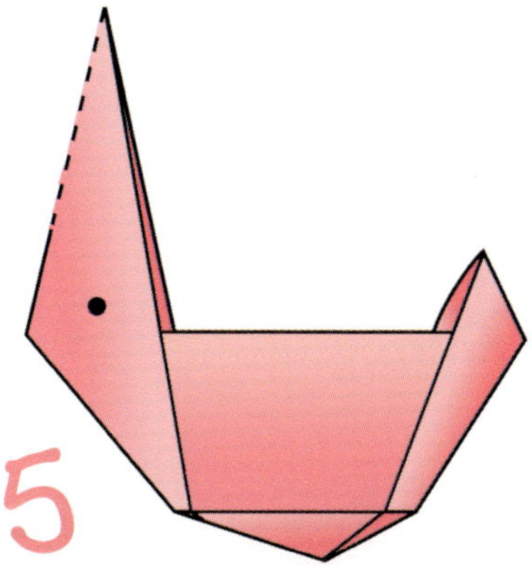

5 … relevez les pattes de chaque côté, à l'horizontale. Sur 7 cm, découpez le milieu de l'angle A pour obtenir les oreilles que vous lissez avec les doigts. Dessinez les yeux.

Le poisson

MATÉRIEL

- une feuille de papier rouge de 10 cm x 10 cm
- des ciseaux • de la ficelle • une pastille jaune autocollante

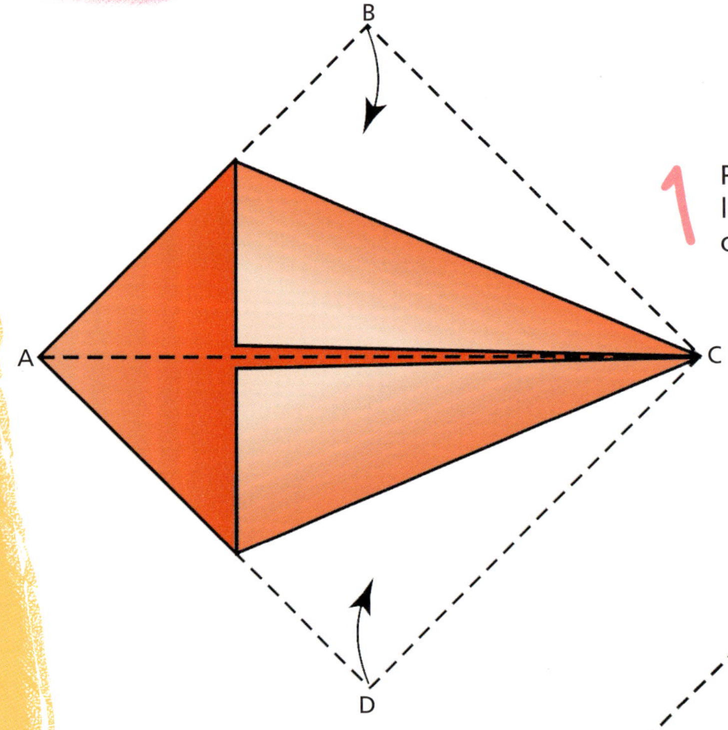

1 Préparez un carré rouge et marquez le pli diagonal AC. Rabattez les côtés B et D sur cette diagonale.

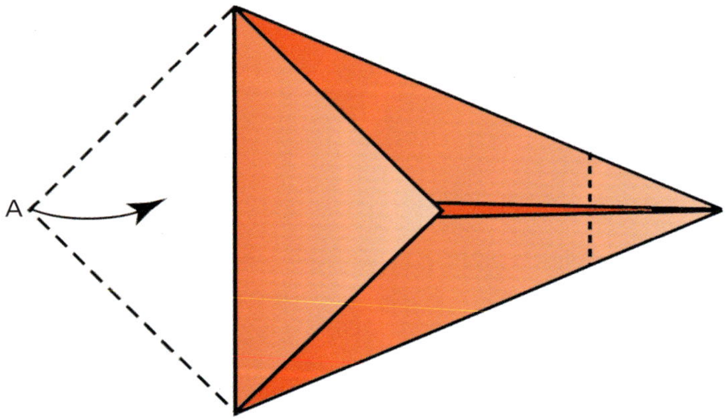

2 Pliez la pointe A sur la figure. Découpez le dessus de la queue le long des pointillés.

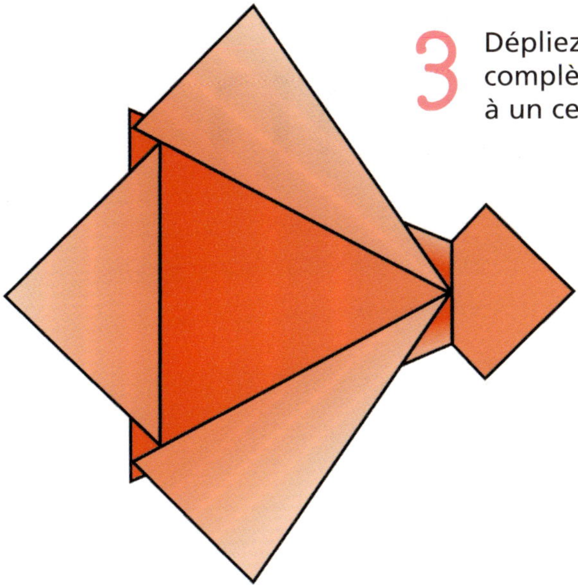

3 Dépliez maintenant la queue complètement et les trois côtés à un centimètre du bord.

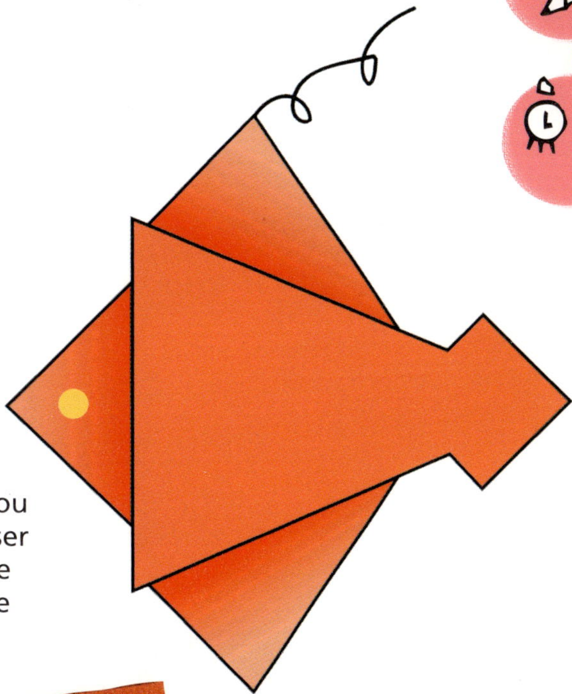

4 Retournez votre poisson. Dessinez ou collez une pastille jaune pour réaliser l'œil. Attachez une ficelle et fixez le poisson discrètement dans le dos de votre copain.

Le poussin

MATÉRIEL

• une feuille de papier jaune de 10 x 10 cm
• des ciseaux • une coquille d'œuf

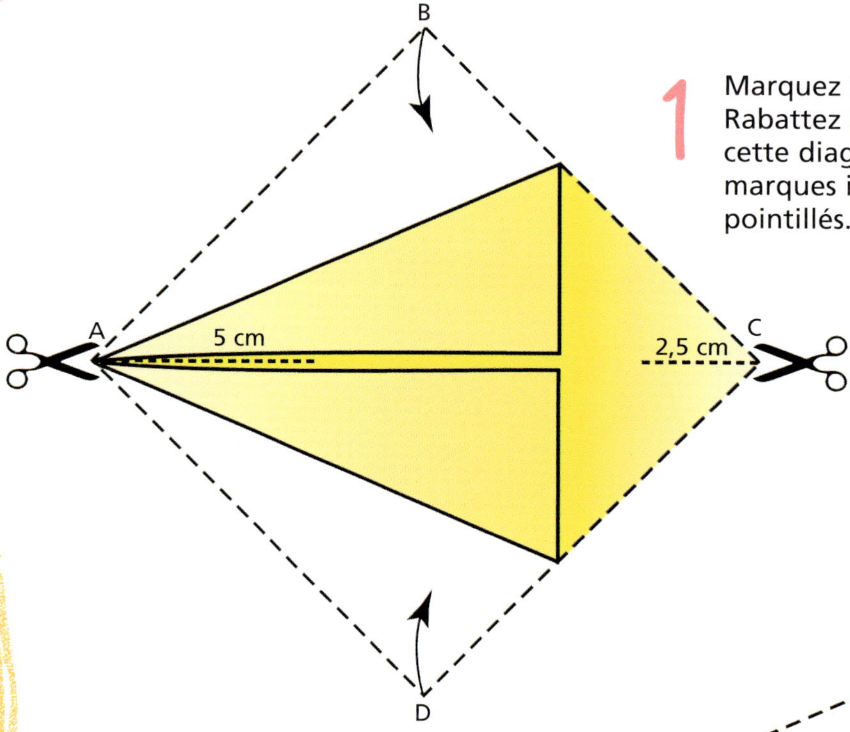

1 Marquez le pli diagonal AC. Rabattez les angles B et D sur cette diagonale. Coupez les marques indiquées par les pointillés.

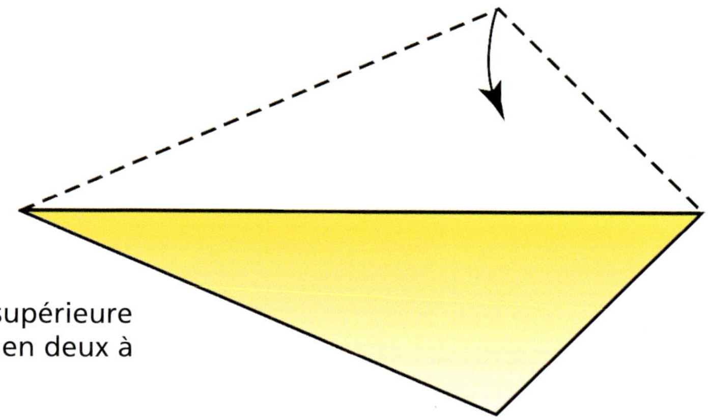

2 Abaissez la partie supérieure en pliant la feuille en deux à la diagonale.

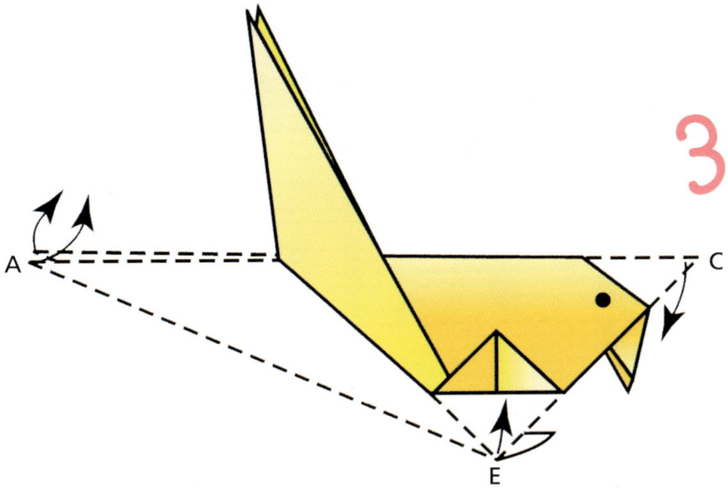

3 Relevez les deux pointes A de chaque côté. Abaissez les pointes C à l'intérieur de la figure. Relevez les pointes E de chaque côté.

4 Dessinez les yeux. Cassez délicatement un œuf vidé des deux côtés. Faites rentrer doucement votre poussin en commençant par la queue.

La famille pingouin

MATÉRIEL

• du papier avec une face noire et une face blanche de 18 x 3 cm pour les petits et de 24 x 4 cm pour la maman • des ciseaux • de la colle

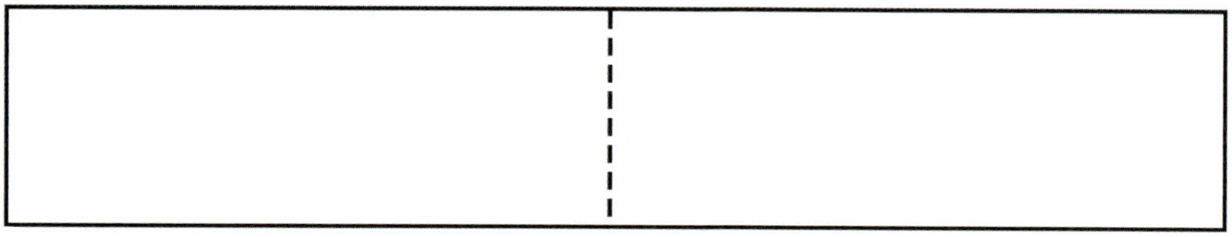

1 Posez votre papier, la face noire sur la table. Marquez le pli central.

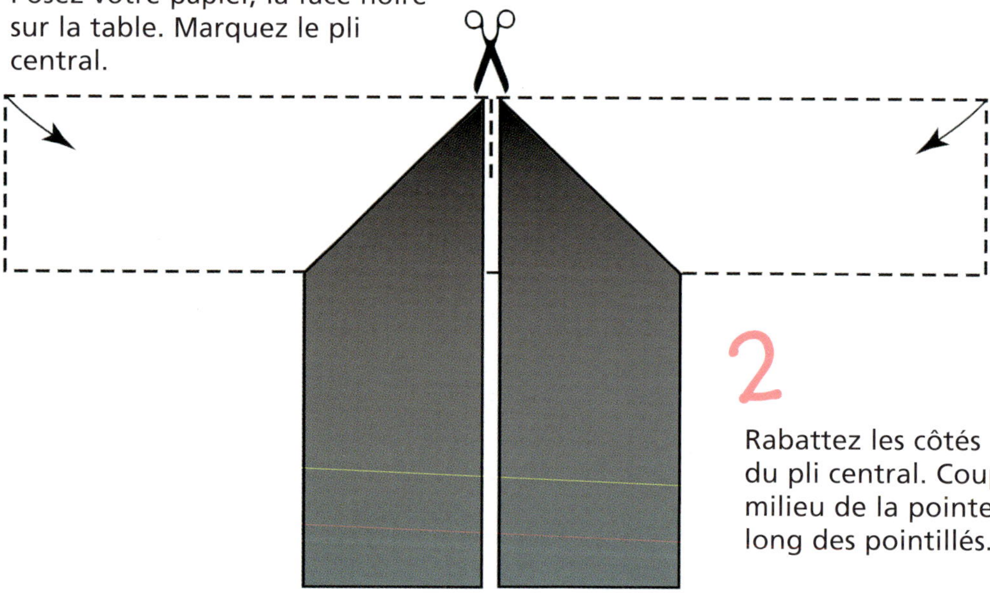

2 Rabattez les côtés le long du pli central. Coupez le milieu de la pointe le long des pointillés.

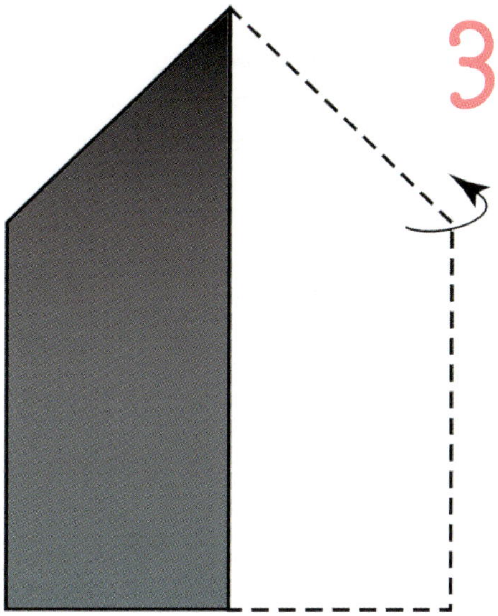

3 Pliez la figure en deux en ramenant la partie droite derrière celle de gauche.

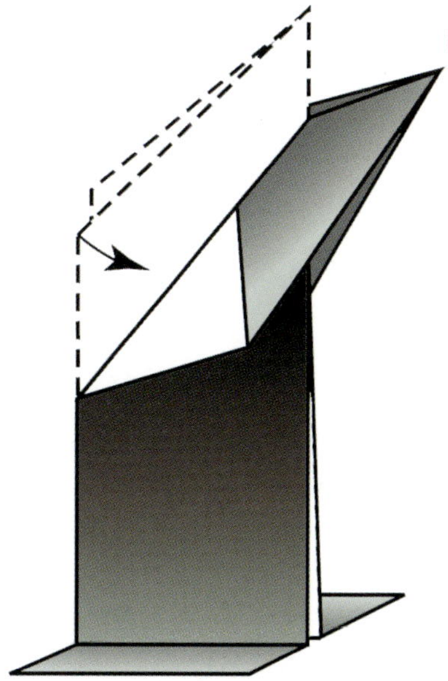

4 Pour réaliser la tête, abaissez les pointes de chaque côté. Collez la tête. Relevez à l'horizontale le bas des pattes sur un centimètre. Écartez légèrement le corps pour le faire tenir.

La musaraigne

MATÉRIEL

- une feuille de papier carrée de 20 x 20 cm
- un crayon

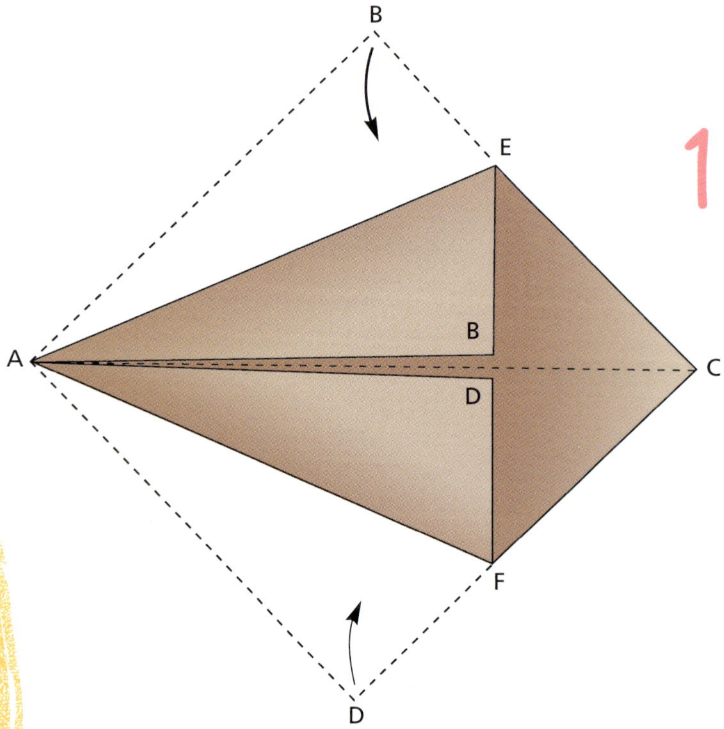

1 Marquez le pli diagonal AC. Rabattez les angles B et D sur cette diagonale.

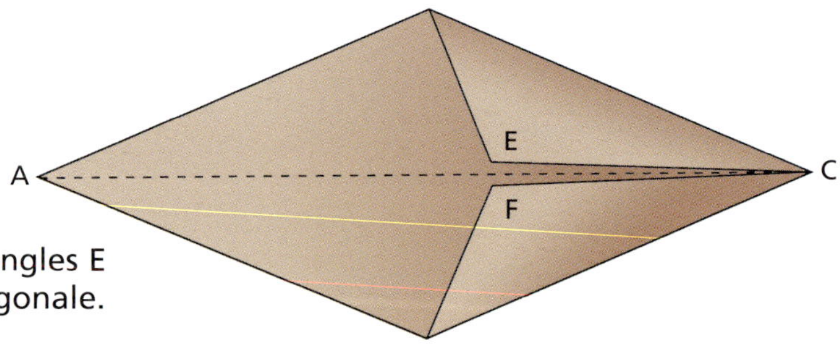

2 Rabattez les angles E et F sur la diagonale.

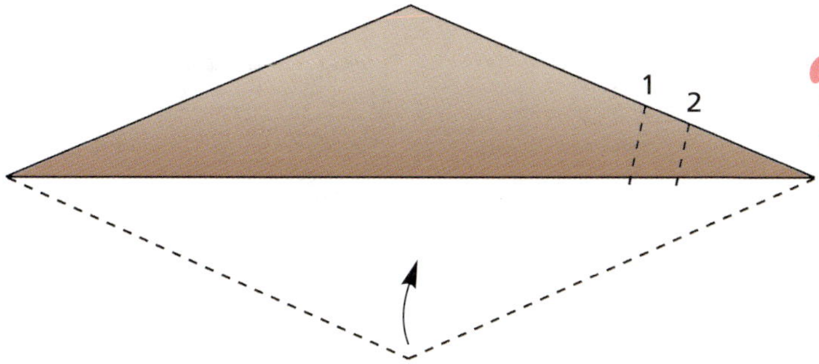

3 Relevez la partie inférieure en pliant la feuille en deux à la diagonale. Pour former la tête, marquez deux plis.

4 Poussez l'angle C vers l'intérieur sur le premier pli puis, pour faire sortir le museau, rabattez-le vers l'extérieur sur le deuxième pli. Suivant les pointillés, rabattez l'angle A vers le bas.

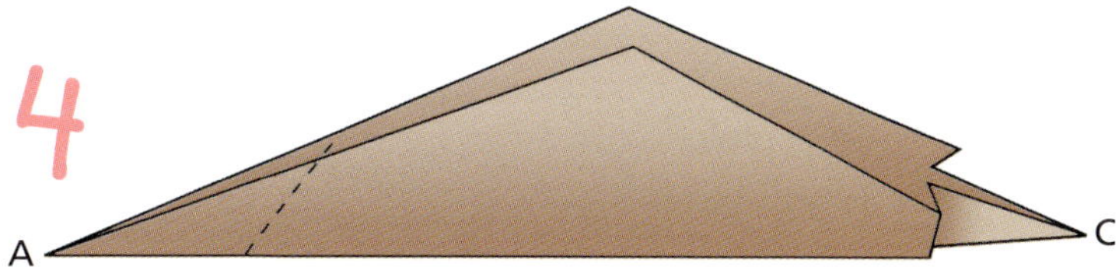

5 Écartez la queue du corps pour faire tenir la musaraigne. Dessinez les yeux.

La chatte et son petit

MATÉRIEL

• 4 feuilles de papier carrées 14 x 14 cm, 15 x 15 cm, 7 x 7 cm, 8 x 8 cm • de la colle • une perforatrice • un crayon noir

LA TÊTE

1 Prenez la feuille de 14 x 14 cm et pliez-la en deux à la diagonale AC.

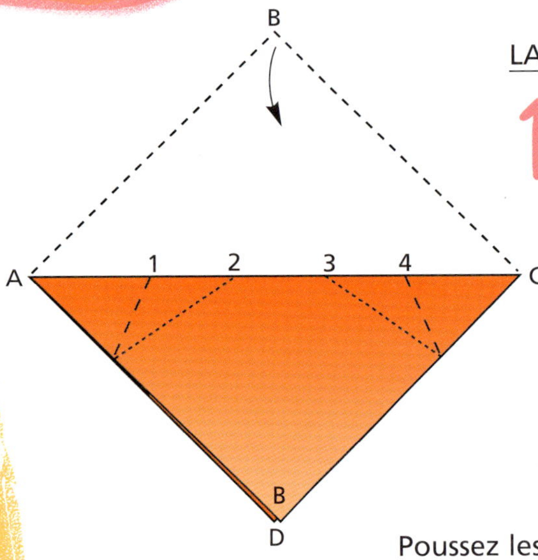

2 Marquez fortement les plis 1, 2, 3, 4 en rabattant les angles A et C vers le bas.

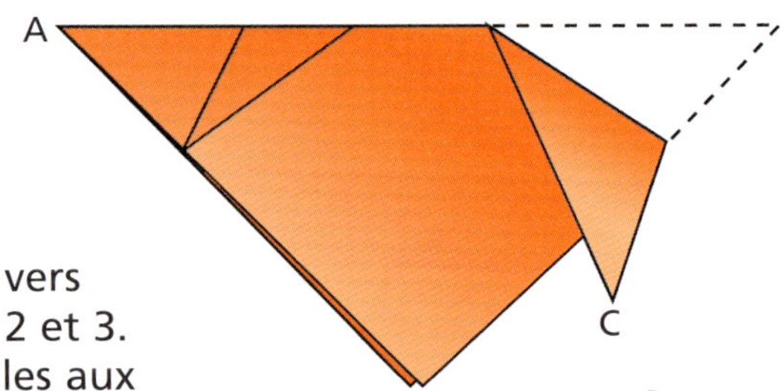

3 Poussez les angles vers l'intérieur aux plis 2 et 3. Remontez les oreilles aux plis 1 et 4. Suivant les pointillés…

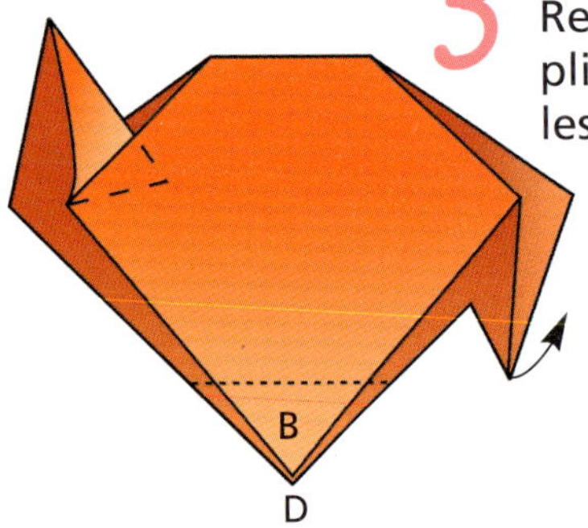

4 … relevez séparément les angles B et D. Rabaissez la pointe B pour faire le nez.

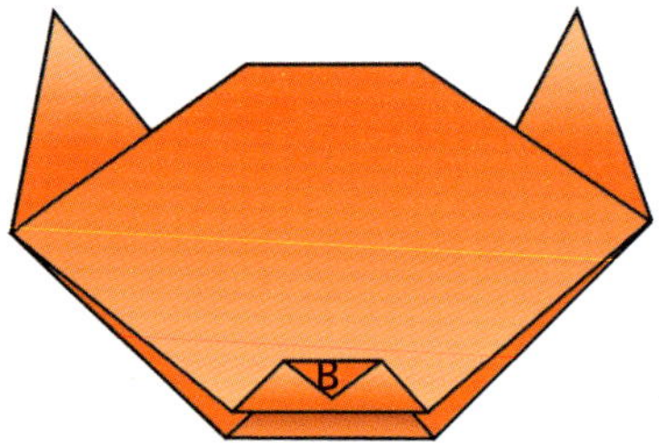

LE CORPS

5 Pliez en deux la feuille de 15 x 15 cm à la diagonale AC. Marquez le pli le long des pointillés.

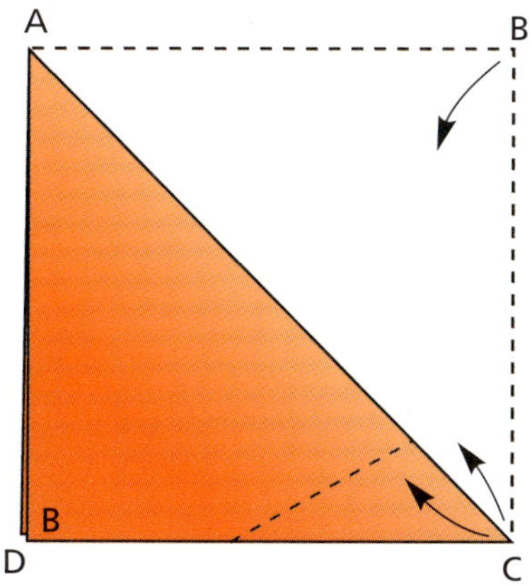

6 Relevez l'angle C en le poussant vers l'extérieur pour former la queue.

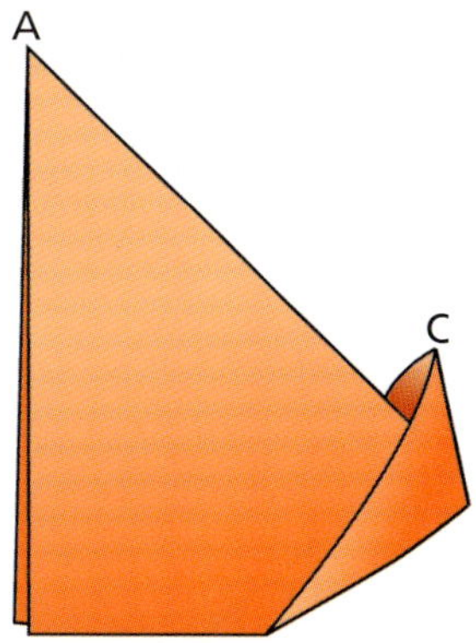

7 Glissez l'angle A du corps dans la tête. Avec une perforatrice, réalisez deux rondelles de couleur et collez-les pour représenter les yeux. Dessinez les moustaches.

LE CHATON

Réalisez le chaton de la même manière que la chatte mais en utilisant une feuille de 7 x 7 cm pour la tête et de 8 x 8 cm pour le corps.

Le lapin

MATÉRIEL

• une enveloppe ordinaire • deux pastilles bleues et une pastille rouge autocollantes • des ciseaux

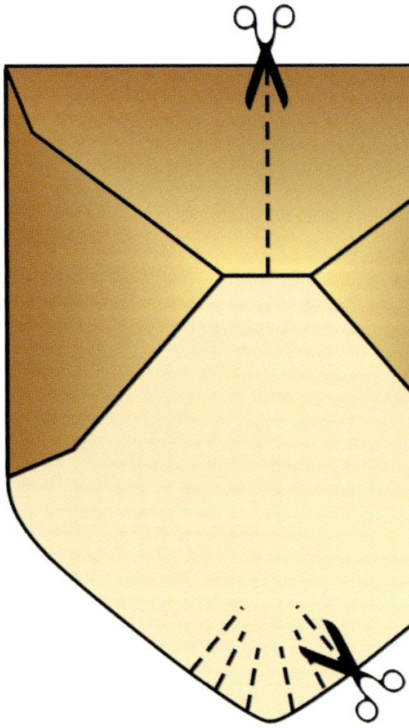

1 Ouvrez une enveloppe et découpez des entailles le long des pointillés comme l'indique le dessin.

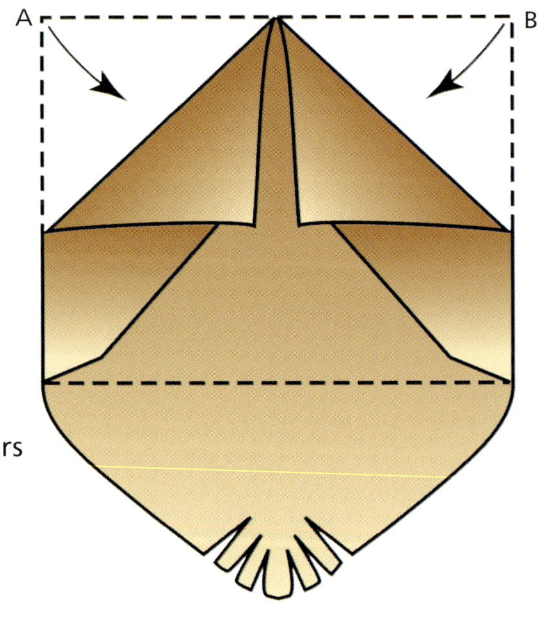

2 Rabattez les coins A et B vers le milieu de l'enveloppe. Relevez ensuite la pointe comme pour fermer l'enveloppe.

3 Vous obtenez ceci. Collez des pastilles bleues pour les yeux et une pastille rouge pour le nez. Dessinez la bouche et les moustaches.

4 Réunissez les coins C et D vers l'arrière en les humectant et en les glissant l'un dans l'autre. Repliez les oreilles vers l'extérieur pour leur donner du mouvement.

Le varan

MATÉRIEL

- une feuille papier carrée de 20 x 20 cm
- un crayon

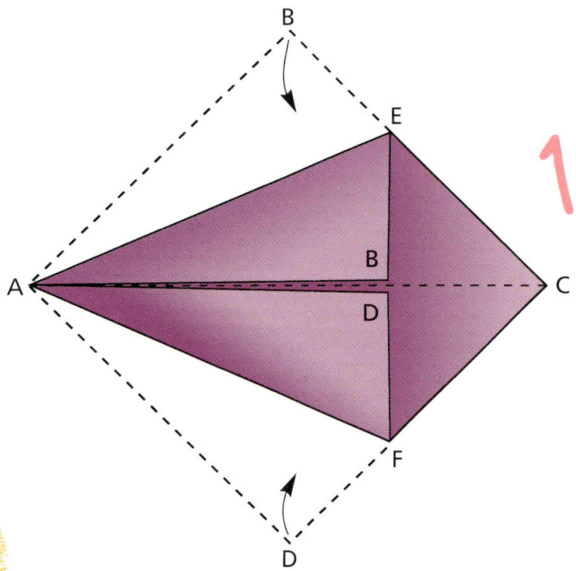

1 Marquez le pli diagonal AC. Rabattez les angles B et D sur cette diagonale.

2 Rabattez les angles E et F sur la diagonale.

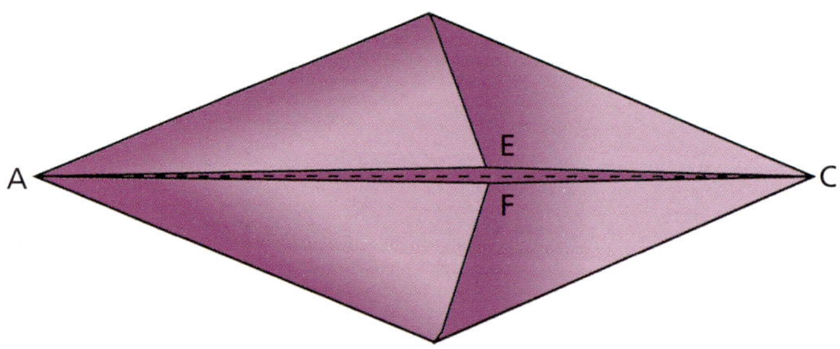

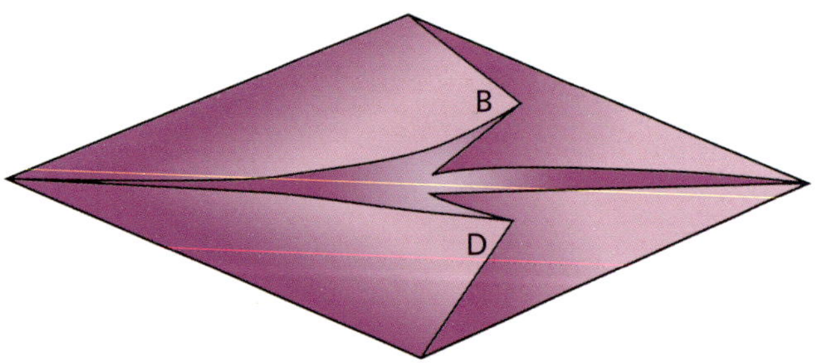

3 Soulevez les angles B et D et pincez les pointes. Rabattez-les sur la droite.

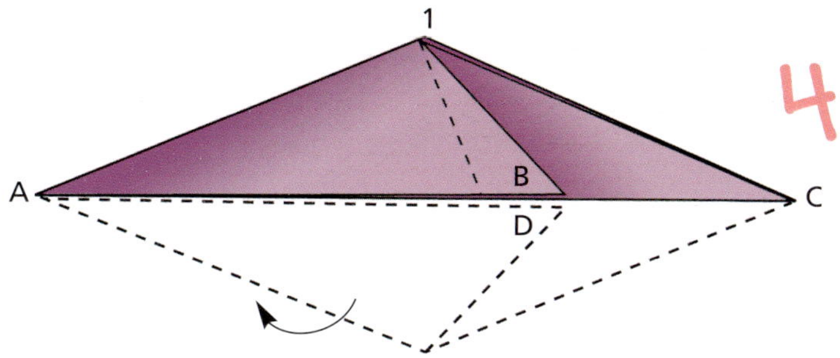

4 Repliez la partie inférieure de la figure vers l'arrière. De chaque côté, rabattez les angles B et D aux pointillés 1. Vous obtenez ainsi les pattes.

5 Rabattez-les de nouveau le long des pointillés 2. Marquez les plis 3 et 4.

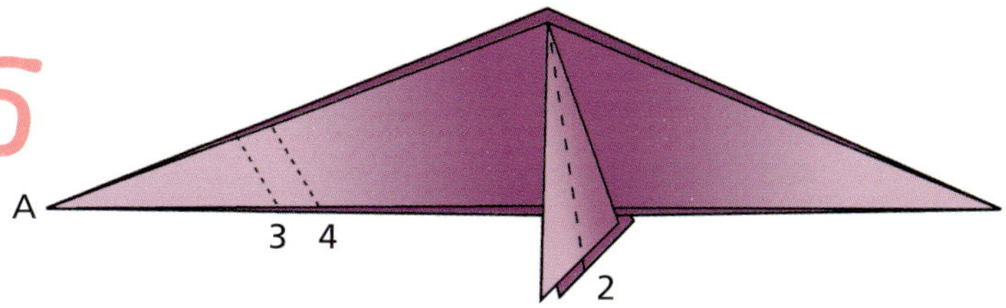

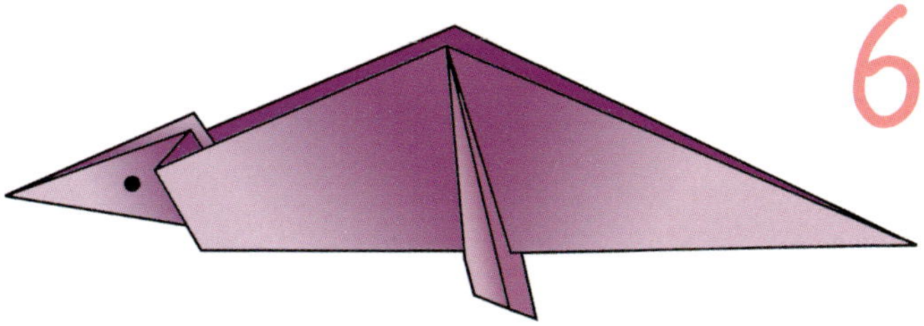

6 Poussez l'angle A vers l'intérieur sur le pli 4 et rabattez vers l'extérieur sur le pli 3 pour former la tête. Dessinez les yeux et dressez votre varan sur ses pattes et sa queue.

L'escargot

MATÉRIEL

• une mince feuille de papier de 20 x 20 cm
• des ciseaux • un fin marqueur

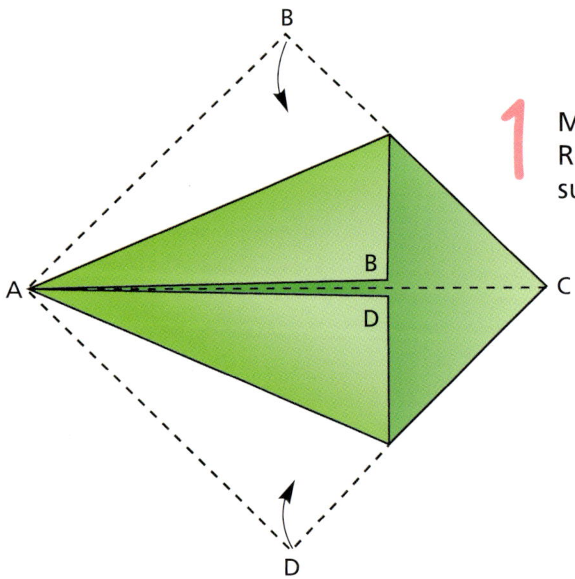

1 Marquez le pli diagonal AC. Rabattez les angles B et D sur cette diagonale.

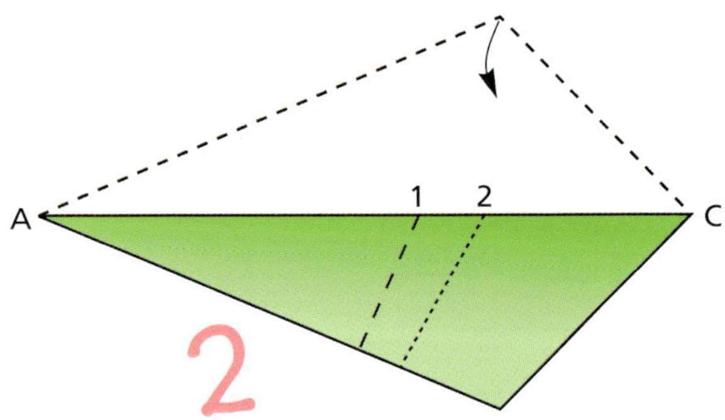

2 Abaissez la partie supérieure en pliant la feuille en deux à la diagonale. Marquez des plis le long des pointillés.

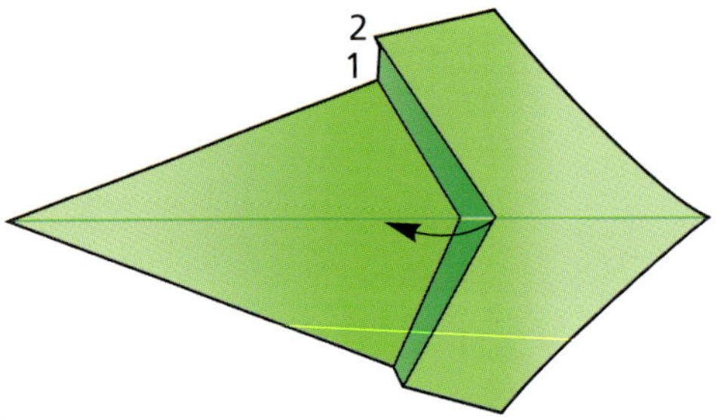

3 Mettez la figure à plat. Poussez le pli 1 sous le pli 2 tout en refermant la figure.

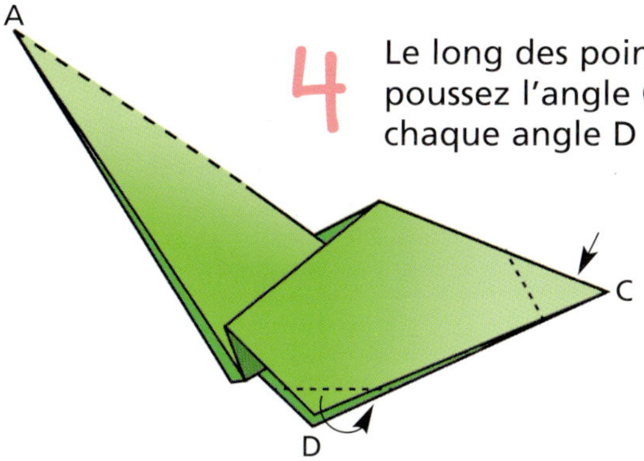

4 Le long des pointillés : découpez l'angle A, poussez l'angle C vers l'intérieur et repliez chaque angle D à l'intérieur.

5 Pour obtenir les cornes, formez un petit bord intérieur de chaque côté de l'angle A. Remontez l'extrémité de l'angle C pour former la queue.

6 Dessinez sur chaque face une spirale pour imiter la coquille et, pour donner du volume, écrasez le dessus et écartez la base.

La basse-cour

MATÉRIEL

• 3 feuilles de papier carrées de 20 x 20 cm, 18 x 18 cm, 10 x 10 cm • 1 feuille de papier rouge • des ciseaux • de la colle

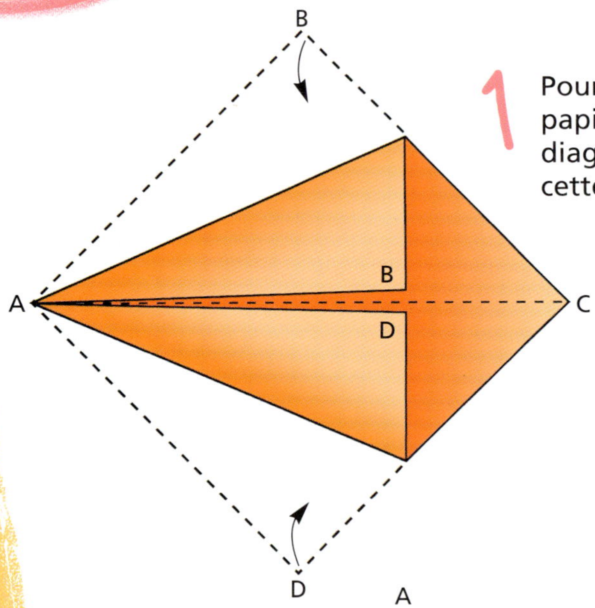

1 Pour réaliser la poule, prenez la feuille de papier de 18 x 18 cm. Marquez le pli diagonal AC. Rabattez les angles B et D sur cette diagonale.

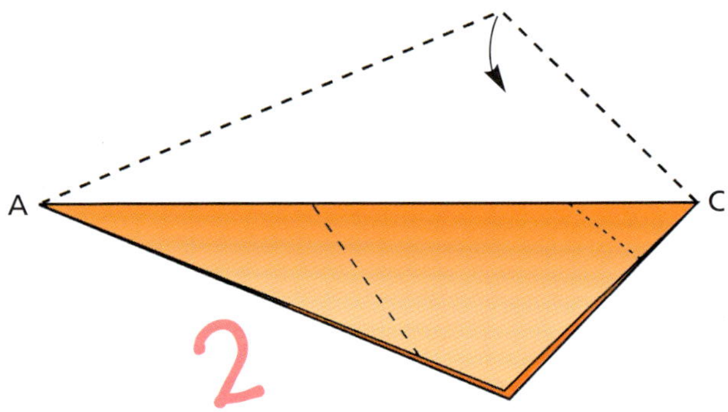

2 Abaissez la partie supérieure en pliant la feuille en deux à la diagonale. Le long des pointillés...

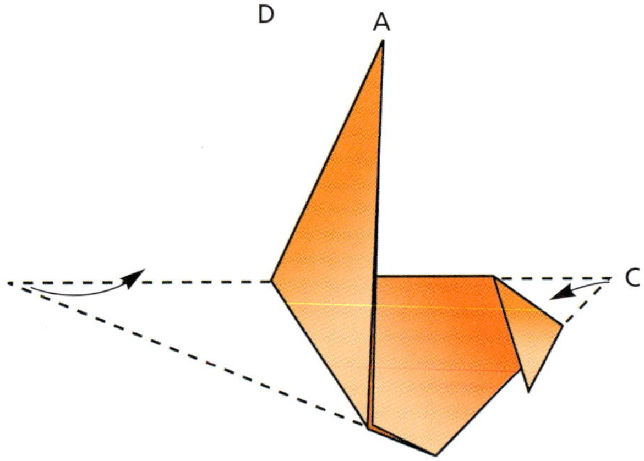

3 ... marquez les plis en rabattant l'angle A vers le haut et l'angle C vers le bas.

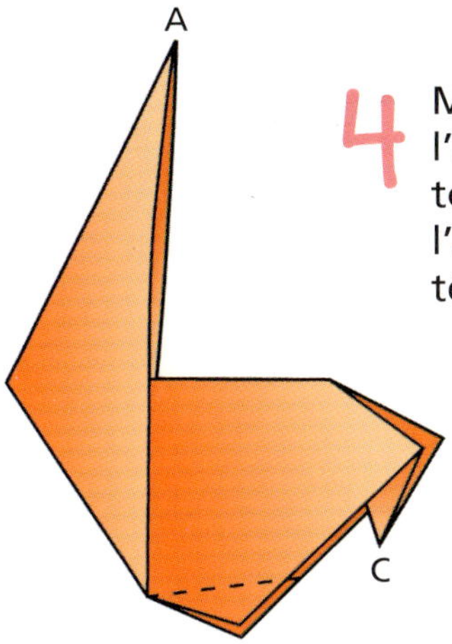

4 Mettez la figure à plat et relevez l'angle A en le poussant vers l'extérieur tout en refermant la figure. Poussez l'angle C à l'intérieur pour former la tête. Suivant les pointillés…

5 … relevez les ailes. Découpez la crête dans du papier rouge et collez-la dans le creux de la tête. Dessinez les yeux.

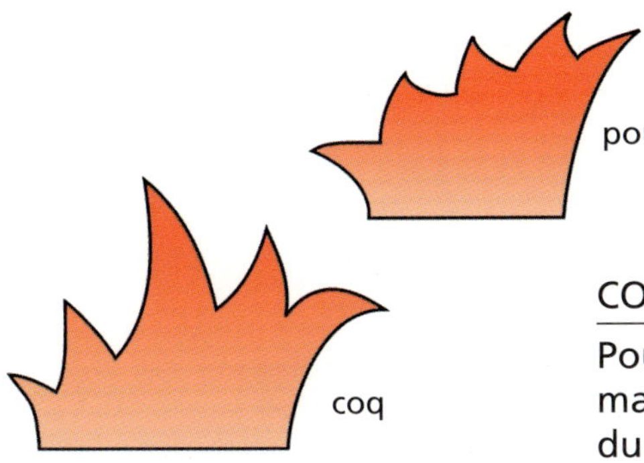

COQ, POUSSIN

Pour le corps et le poussin, procédez de la même manière que pour la poule avec respectivement du papier de 20 x 20 cm et de 10 x 10 cm.

La girafe

MATÉRIEL

- une feuille de papier carrée jaune de 21 cm
- de la colle • des ciseaux • des marqueurs brun et noir
- deux bâtons plats de 11 cm

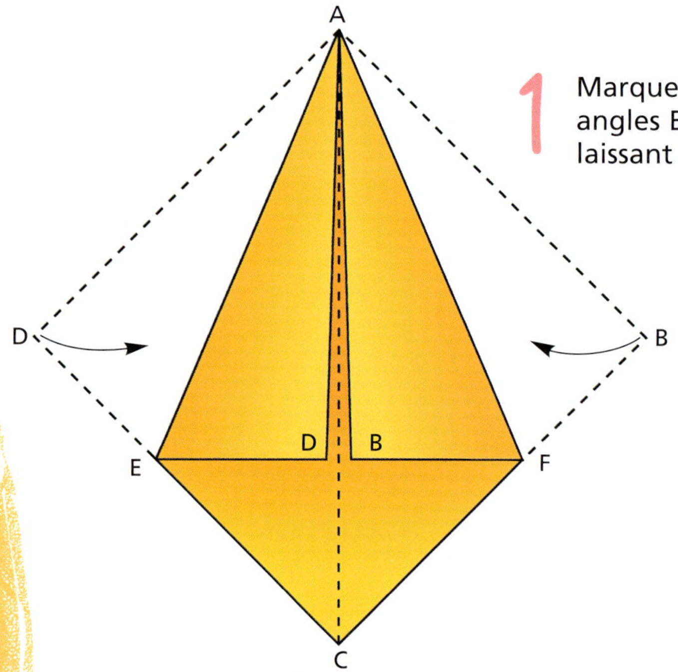

1 Marquez le pli diagonal AC. Rabattez les angles B et D sur cette diagonale en laissant un espace de 4 mm.

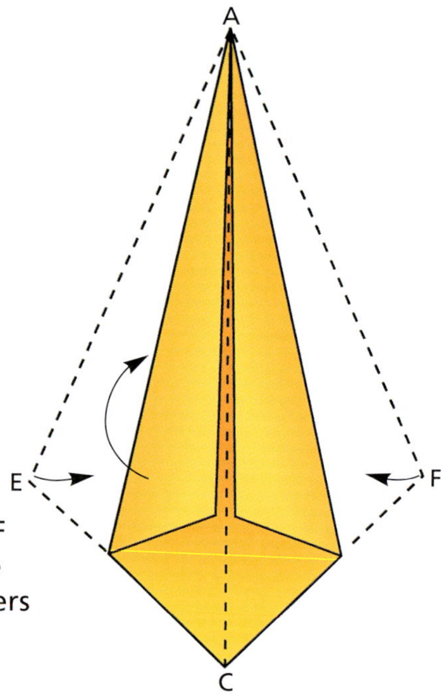

2 Rabattez les côtés AE et AF sur la diagonale. Repliez le côté gauche de la figure vers l'arrière.

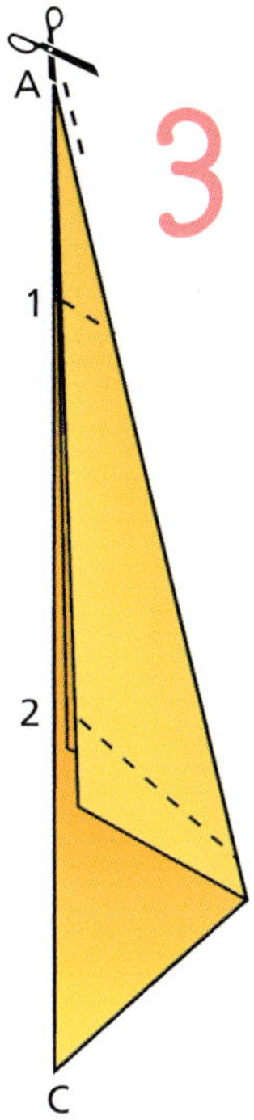

3

Coupez le milieu de la pointe A sur 1,5 cm. Marquez le pli 1 en abaissant la pointe A vers la gauche. Marquez le pli 2 en relevant la pointe C vers la droite.

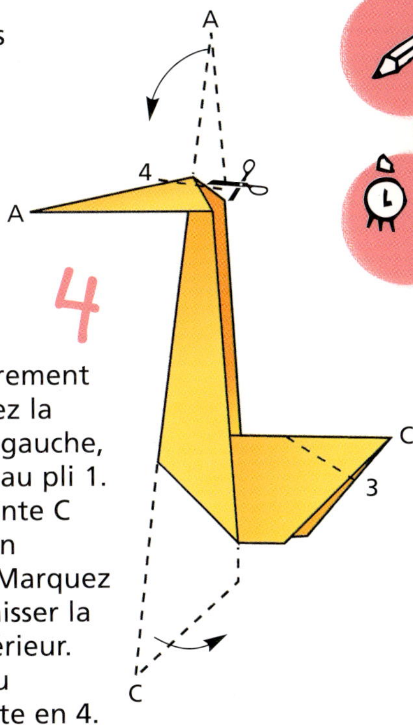

4

En ouvrant légèrement la figure, abaissez la pointe A vers la gauche, en pli extérieur, au pli 1. Remontez la pointe C vers l'intérieur en suivant le pli 2. Marquez le pli 3 pour abaisser la queue vers l'intérieur. Coupez 3 mm du sommet de la tête en 4.

5

Collez les deux bâtons en oblique à l'intérieur du corps. Pliez la tête en deux vers l'intérieur en faisant dépasser les pointes par le trou. Dessinez l'œil en noir et les taches en brun.

Le cygne

MATÉRIEL

- une feuille de papier carrée de 20 x 20 cm

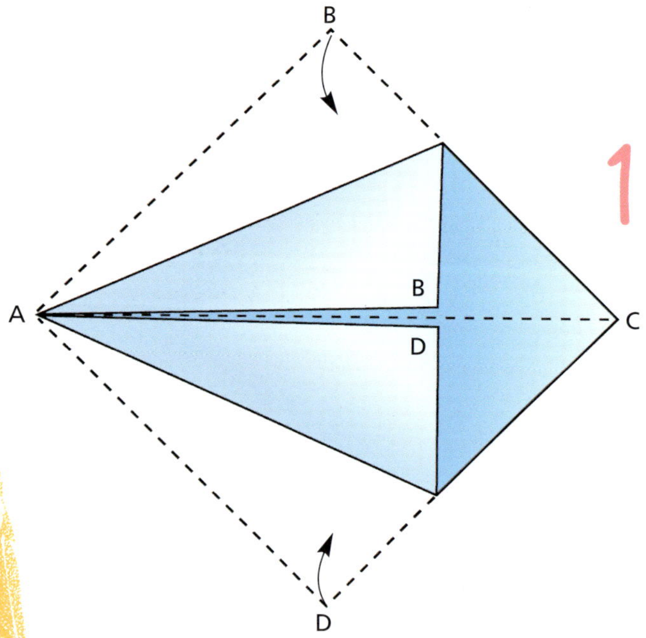

1 Marquez le pli diagonal AC. Rabattez les angles B et D sur cette diagonale. Repliez ensuite la partie inférieure de la figure vers l'arrière.

2 De chaque côté, rabattez les angles F sur les pointillés AE. Marquez le pli à l'angle C.

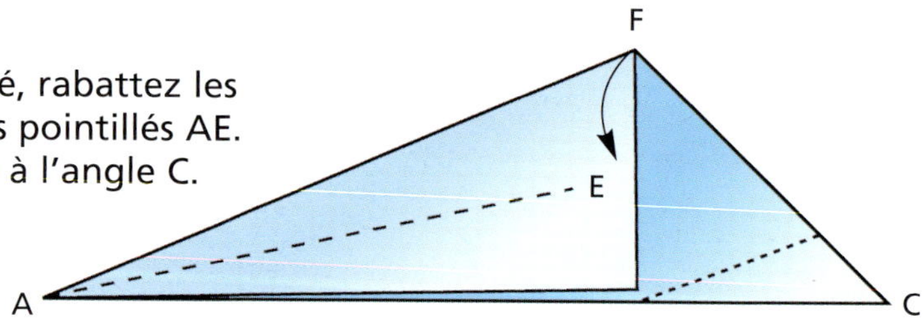

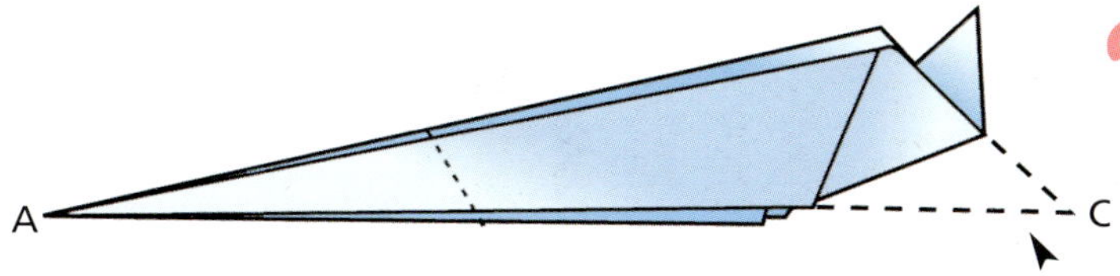

3

Pour former la queue, poussez l'angle C vers l'intérieur. Marquez le pli de l'angle A le long des pointillés.

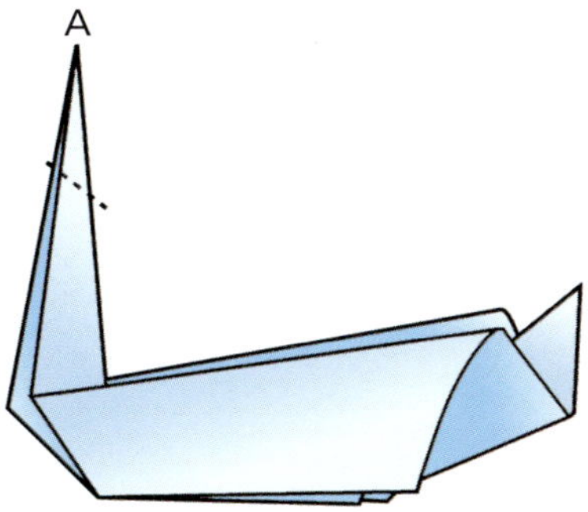

4

Au pli, relevez l'angle A en le poussant vers l'intérieur. Marquez le pli de la tête.

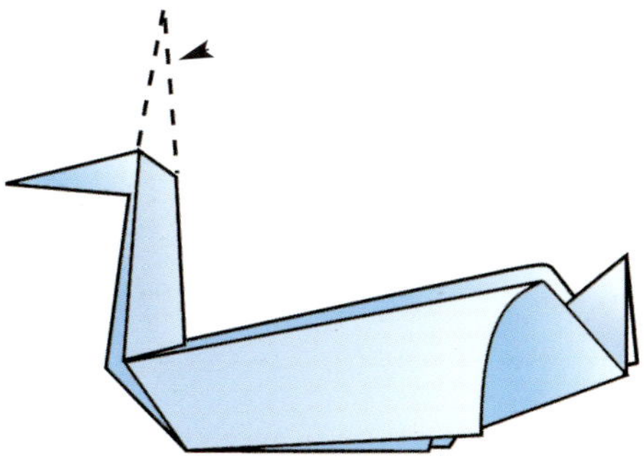

5

Pour former la tête, abaissez l'angle A en le poussant vers l'intérieur. Arrondissez l'extrémité des ailes.

Le petit chien

MATÉRIEL

- une feuille de papier carré de 20 x 20 cm
- un crayon • des ciseaux

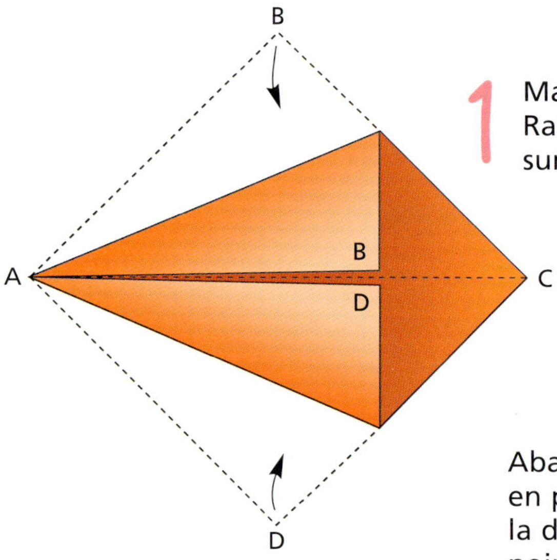

1 Marquez le pli diagonal AC. Rabattez les angles B et D sur cette diagonale.

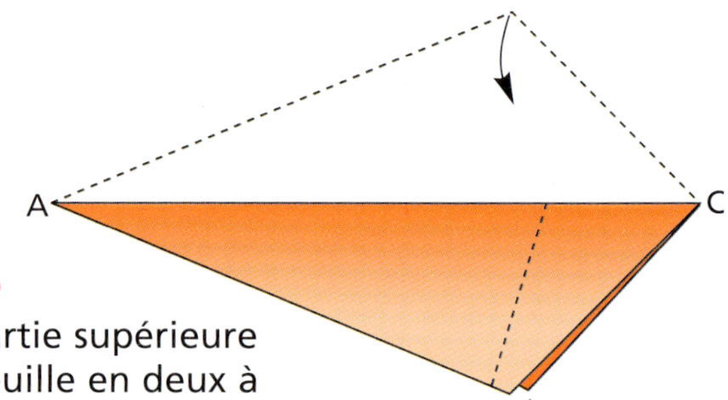

2 Abaissez la partie supérieure en pliant la feuille en deux à la diagonale. Suivant les pointillés...

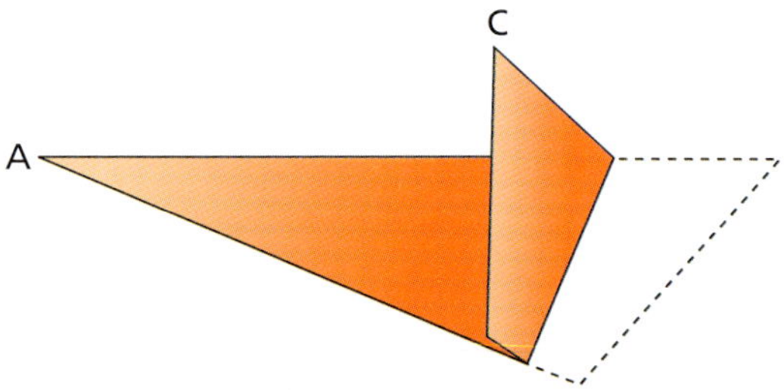

3 ... rabattez l'angle C vers le haut, en marquant fortement le pli. Dépliez.

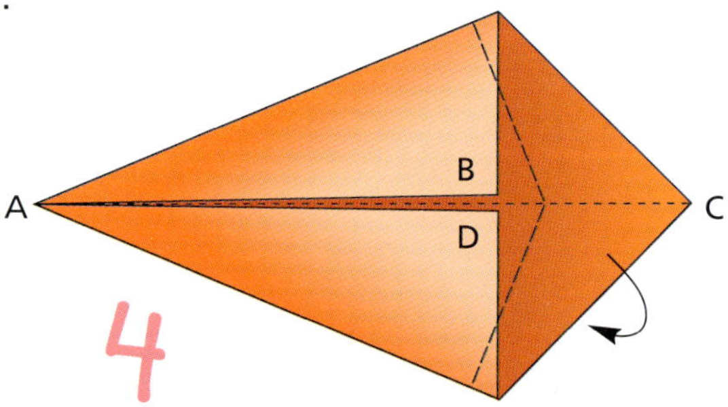

4 Mettez la figure à plat. Abaissez l'angle C en le poussant vers l'extérieur tout en repliant de nouveau la figure. Retournez-la.

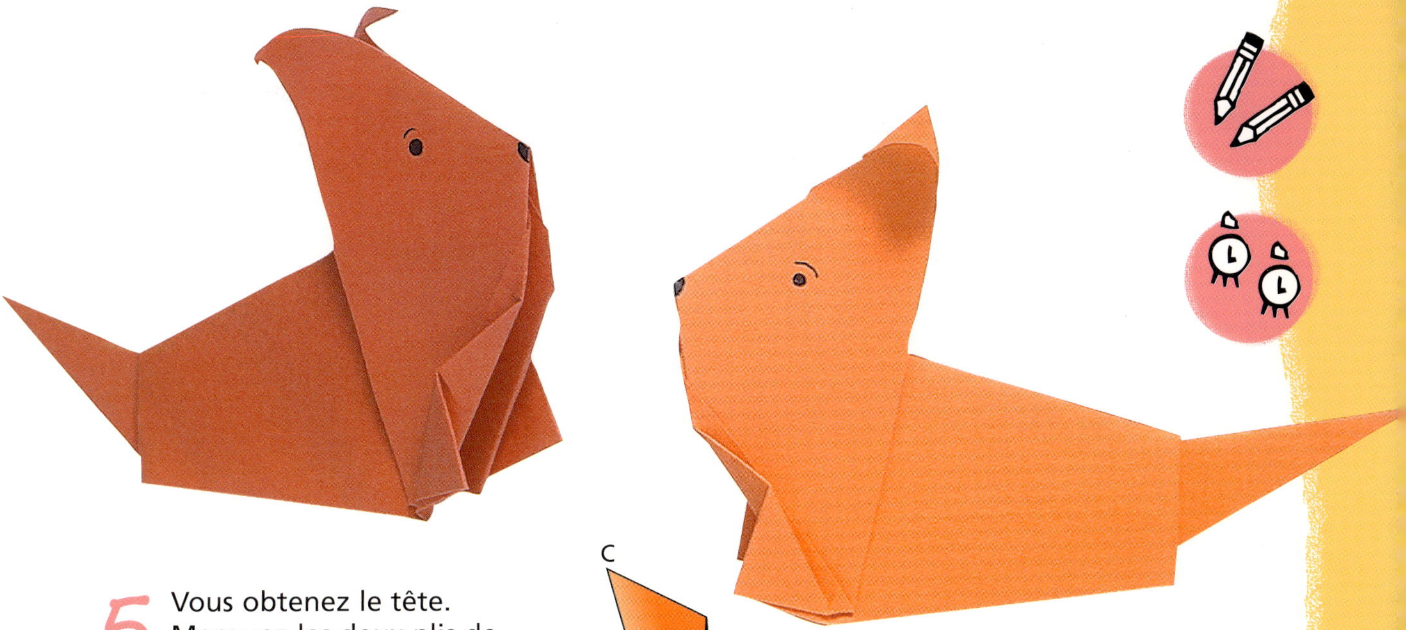

5 Vous obtenez le tête.
Marquez les deux plis de la queue EF et EG.

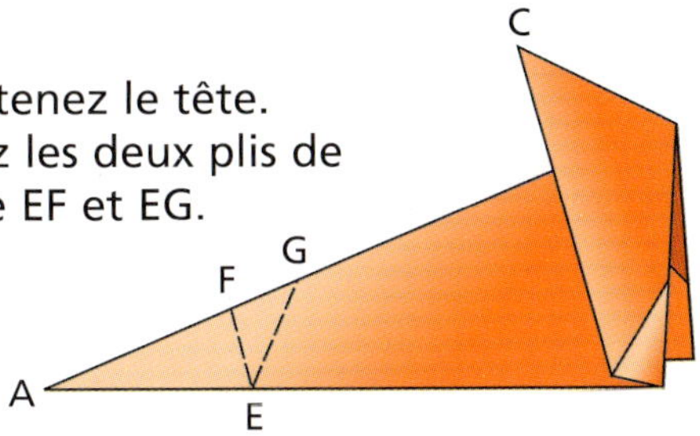

6 Mettez la figure à plat. Au pli EF, relevez l'angle A. Vous obtenez ainsi la queue.

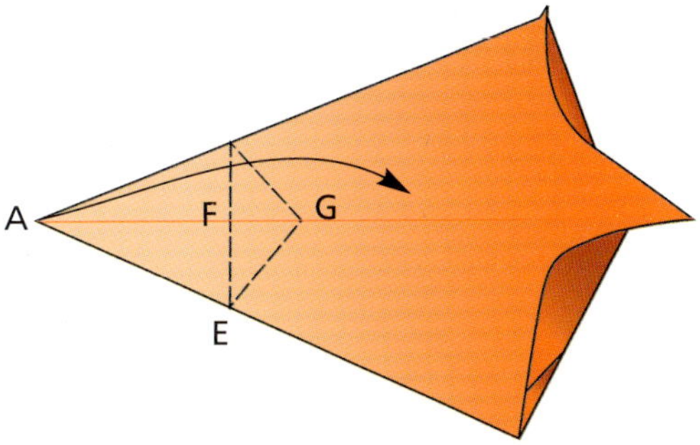

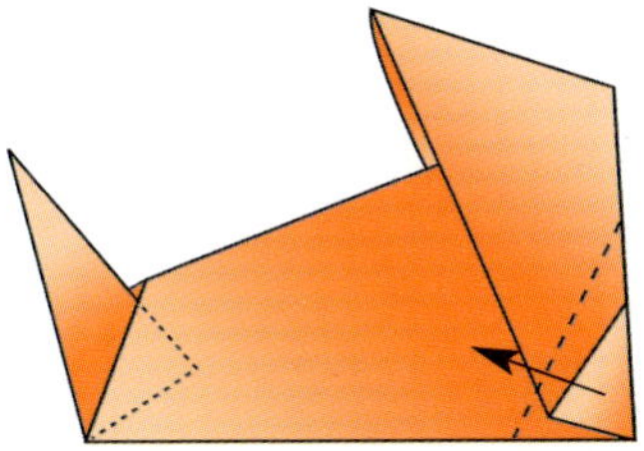

7 Refermez le corps en poussant la queue dans le pli EG. De chaque côté de la tête, rabattez les pattes vers l'arrière suivant les pointillés.

Rabattez de nouveau le coin des pattes vers l'avant. Écartez-les légèrement.

8

9

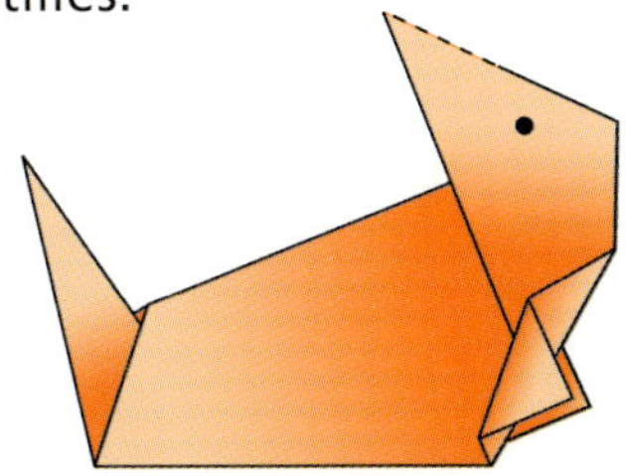

Découpez le milieu de l'angle C sur 3 cm pour obtenir les oreilles. Lissez-les avec les doigts ainsi que la queue. Dessinez les yeux.

Le canard siffleur

MATÉRIEL

- une feuille de papier carré de 20 x 20 cm
- des ciseaux

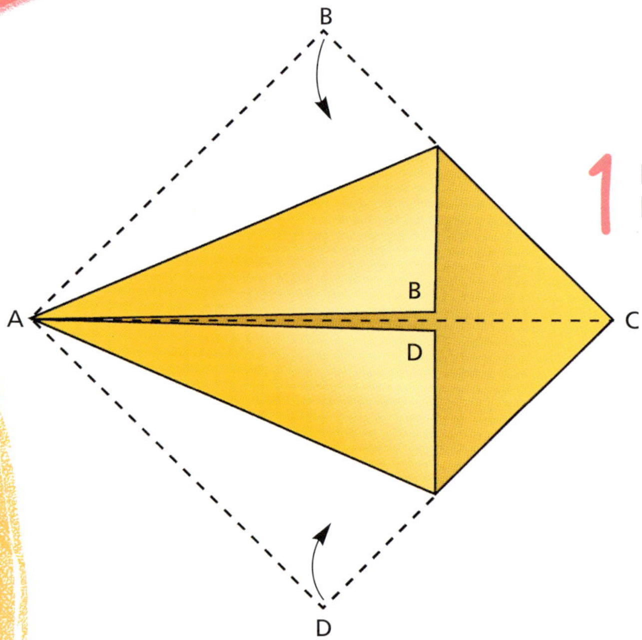

1 Marquez le pli diagonal AC. Rabattez les angles B et D sur cette diagonale.

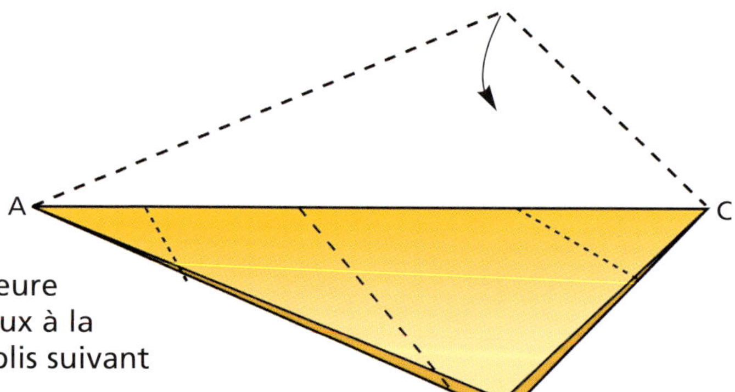

2 Abaissez la partie supérieure en pliant la feuille en deux à la diagonale. Marquez les plis suivant les pointillés.

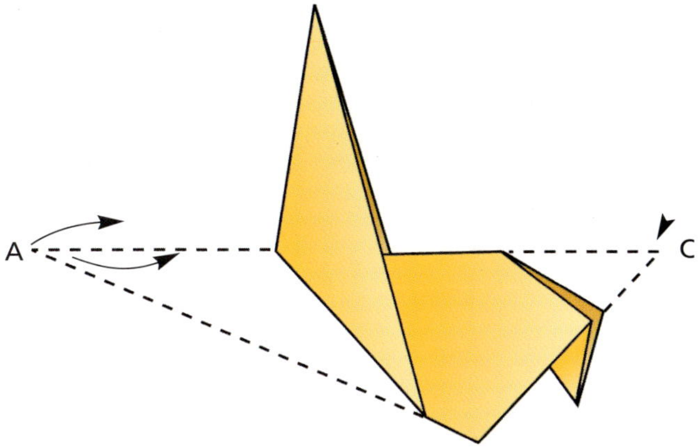

3 Mettez la figure à plat et relevez l'angle A en le poussant vers l'extérieur tout en refermant la figure. Poussez l'angle C vers l'intérieur.

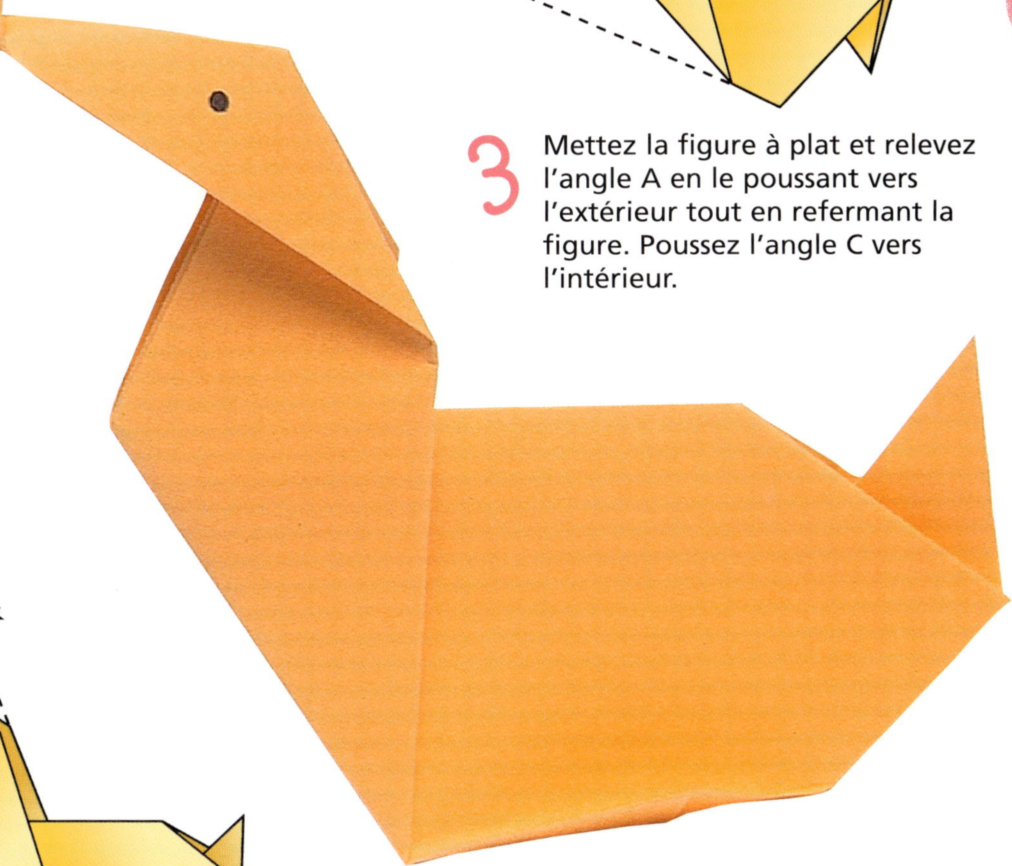

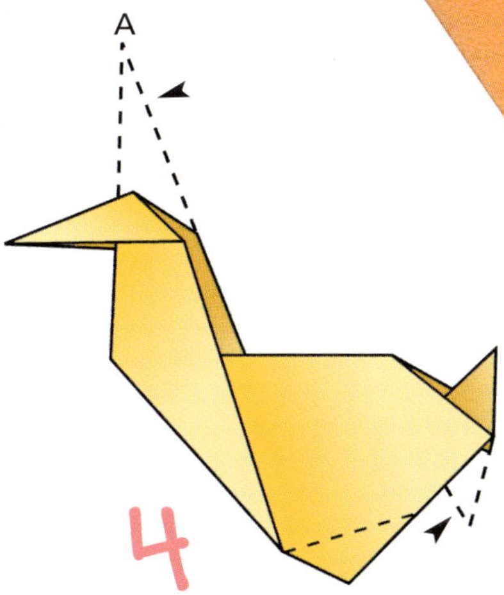

4 En écartant légèrement l'angle A, rabattez-le au pli vers l'extérieur. Vous obtenez ainsi une tête. Relevez la queue à moitié, en écrasant le pli. Suivant les pointillés…

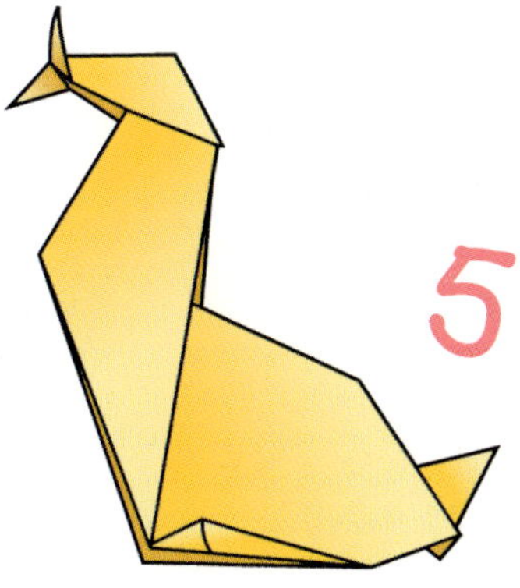

5 … relevez les pattes à l'horizontale de chaque côté. Découpez et écartez le bec pour faire chanter votre canard.

Le crabe

MATÉRIEL

- une feuille de papier carrée de 20 x 20 cm

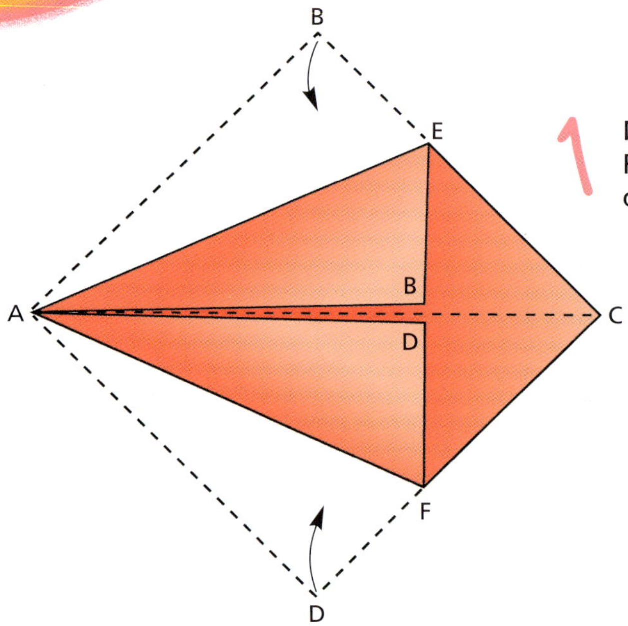

1 Marquez le pli diagonal AC. Rabattez les angles B et D sur cette diagonale.

2 Rabattez les angles E et F sur la diagonale.

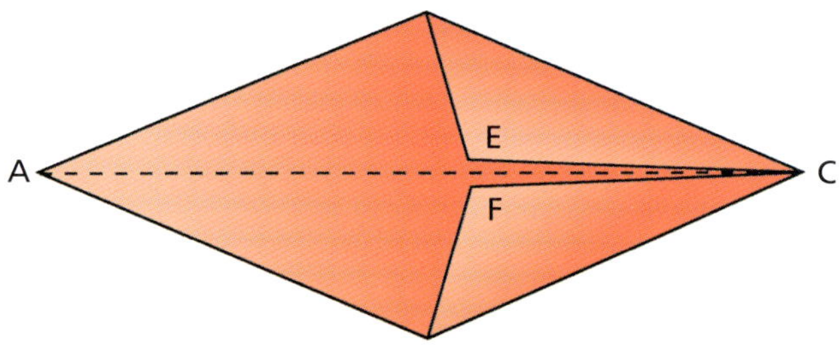

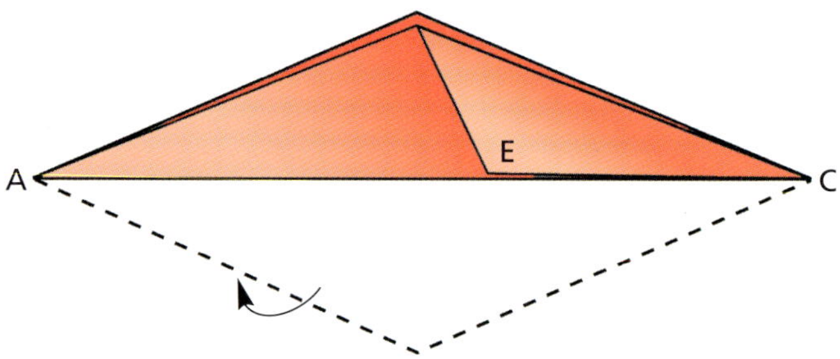

3 Repliez la partie inférieure de la figure vers l'arrière.

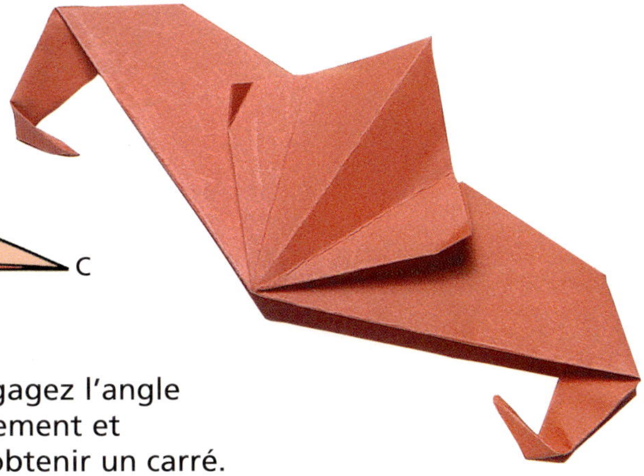

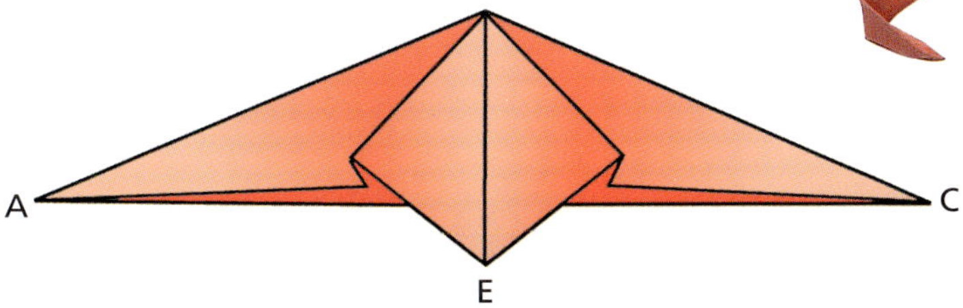

4 Soulevez l'angle E, dégagez l'angle libre, redressez-le fortement et écrasez-le de façon à obtenir un carré. Faites la même chose de l'autre côté de la figure.

5 Marquez des plis à l'angle A. Poussez-le vers l'intérieur au pli 2. Pour former la pince, poussez l'extrémité vers l'intérieur au pli 1. Faites de même pour l'autre pince.

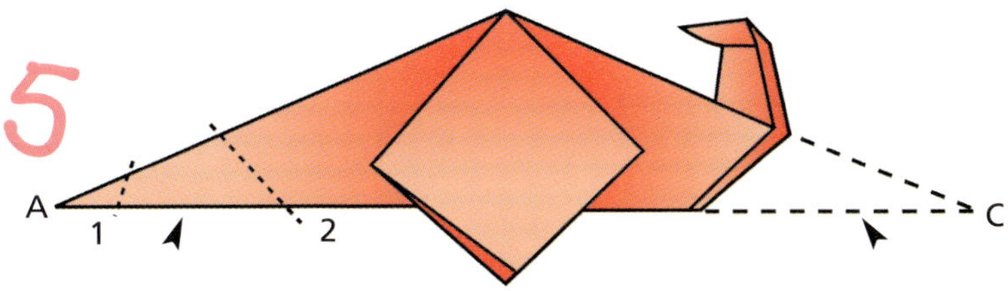

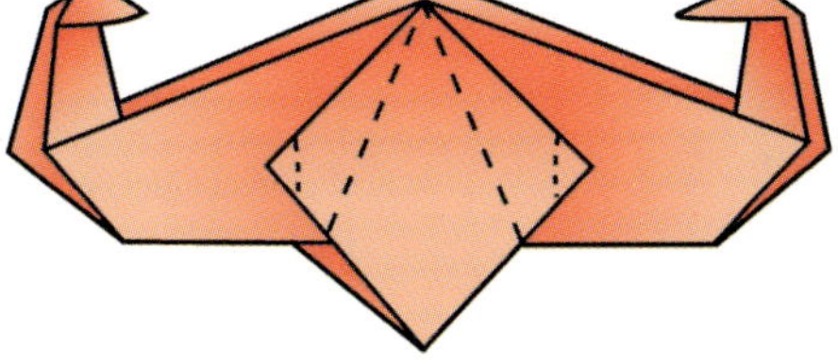

6 Marquez les plis du petit carré suivant les pointillés. Relevez légèrement les bords et abaissez les coins latéraux.

Le paon

MATÉRIEL

- une feuille de papier carrée de 20 x 20 cm
- de la colle liquide • des pastilles autocollantes de couleur
- un bouchon de liège • un cure-pipe vert

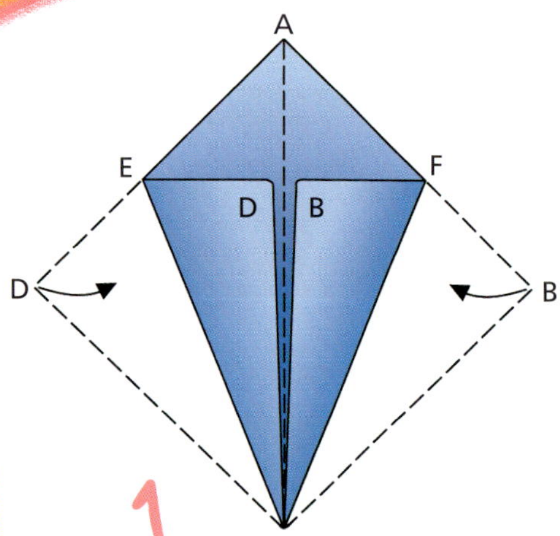

1

Marquez le pli diagonal AC. Rabattez les angles B et D sur cette diagonale. Retournez la figure.

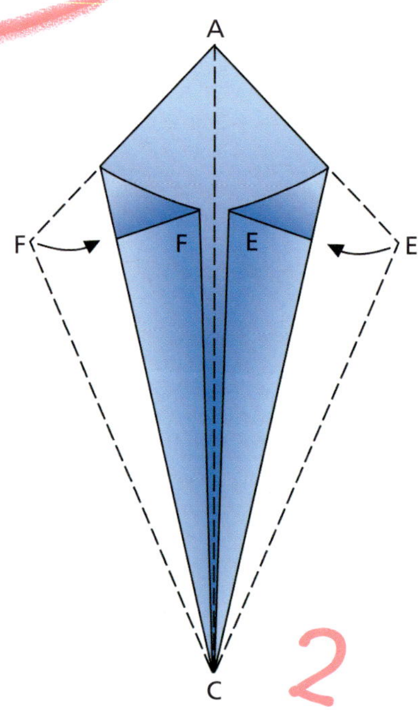

2

Rabattez de nouveau les angles E et F sur la diagonale AC.

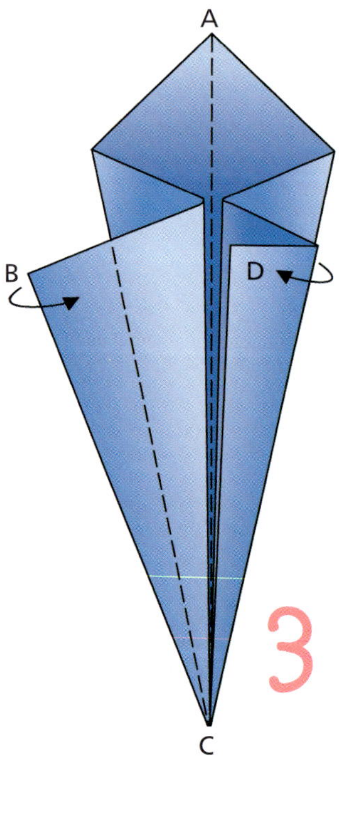

3

Ramenez vers l'avant les pointes B et D et pliez-les le long de la diagonale AC.

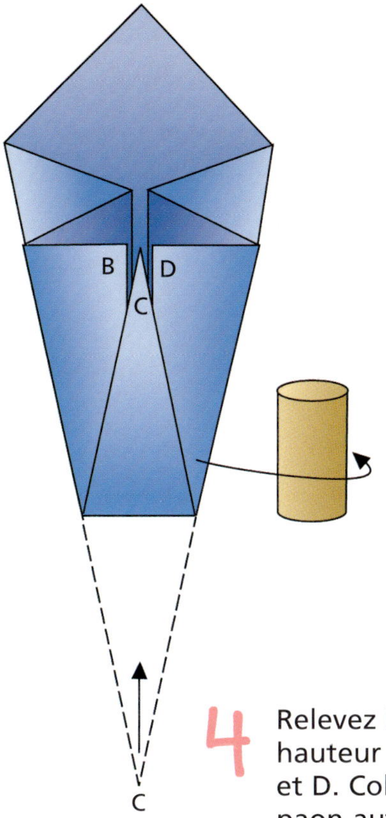

4 Relevez la pointe C à hauteur des pointes B et D. Collez la base du paon autour d'un bouchon.

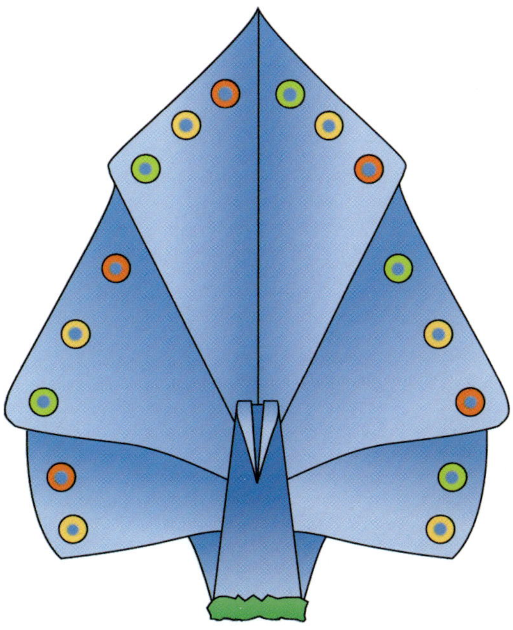

5 Abaissez la pointe C pour réaliser la tête. Déployez les ailes et collez les pastilles de couleur. Enroule la base avec un morceau de cure-pipe vert et torsadez les extrémités derrière le corps.

L'hippocampe

MATÉRIEL

- une feuille de papier carrée de 20 x 20 cm
- un crayon • des ciseaux

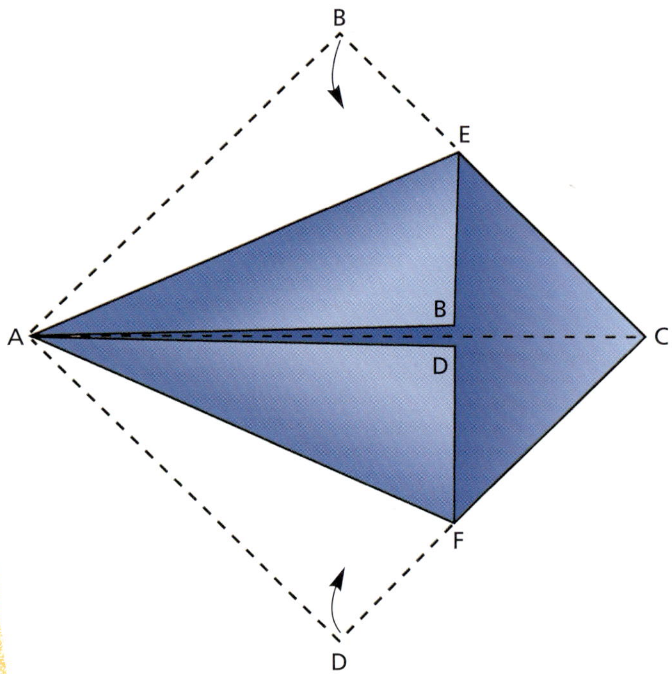

1 Marquez le pli diagonal AC. Rabattez les angles B et D sur cette diagonale.

2 Rabattez les angles E et F sur la diagonale.

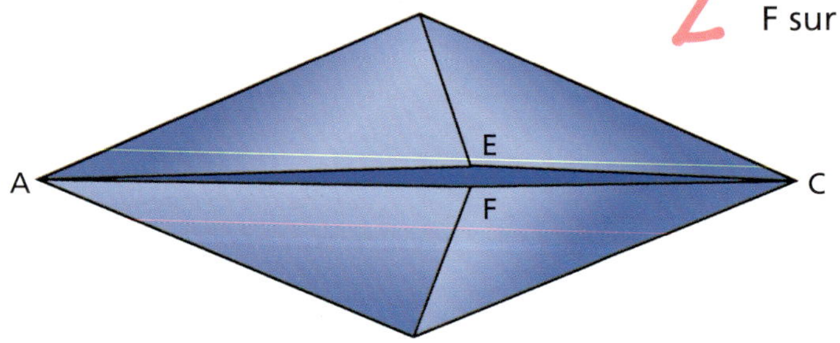

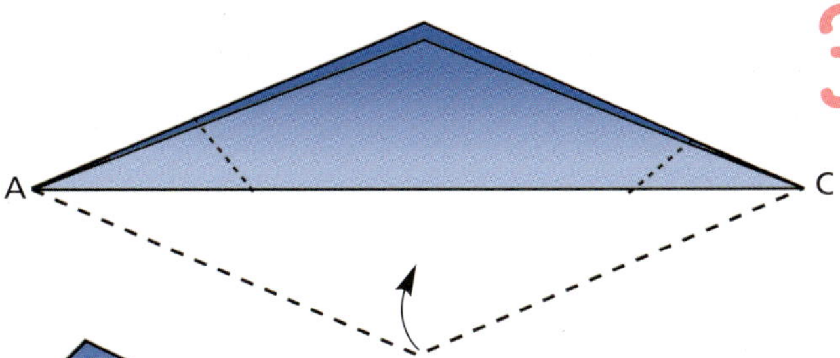

3 Relevez la partie inférieure en pliant la feuille en deux à la diagonale. Marquez les plis aux angles A et C suivant les pointillés.

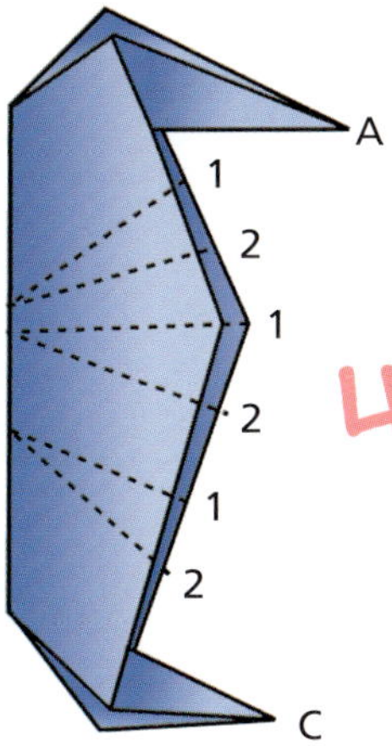

4 Relevez les angles A et C en les poussant vers l'intérieur pour former la tête et la queue. Marquez les six plis du corps.

5 De chaque côté, superposez le pli 1 sur le pli 2 pour former trois bourrelets.

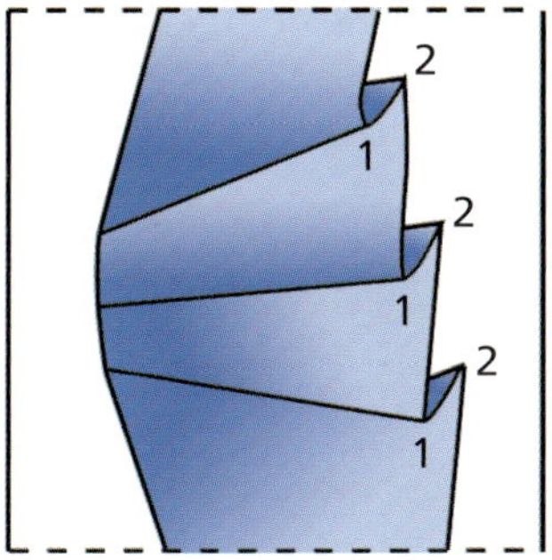

6 N'écrasez pas trop les plis pour donner du volume à votre hippocampe. Dessinez les yeux. Découpez la tête suivant les pointillés.

Le piranha

MATÉRIEL

- 2 feuilles de papier carrées de 20 x 20 cm
- des ciseaux

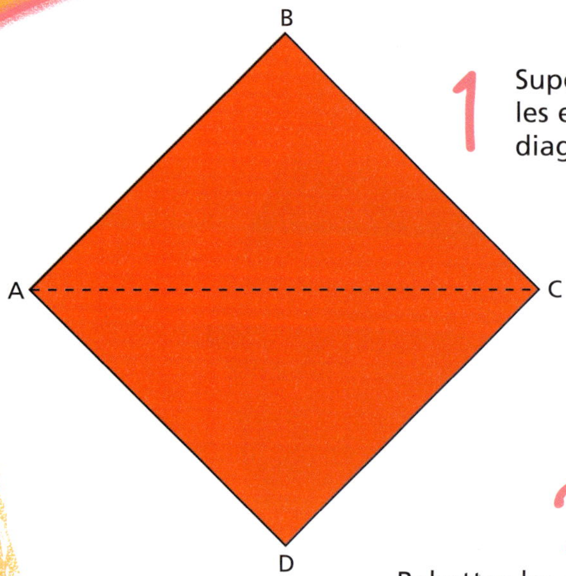

1 Superposez deux papiers carrés. Pliez-les ensemble pour marquer le pli diagonal AC.

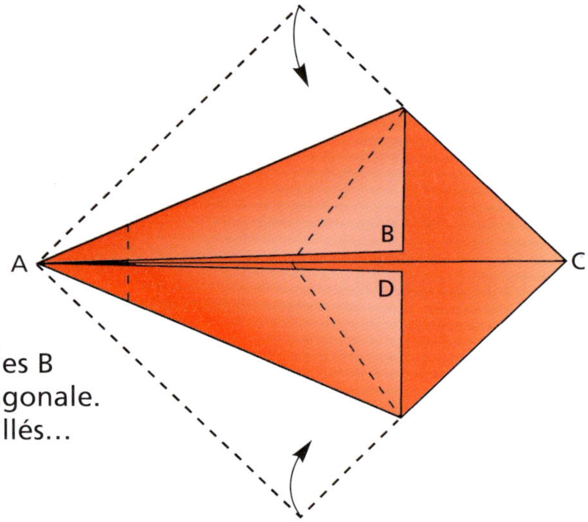

2 Rabattez les angles B et D sur cette diagonale. Suivant les pointillés…

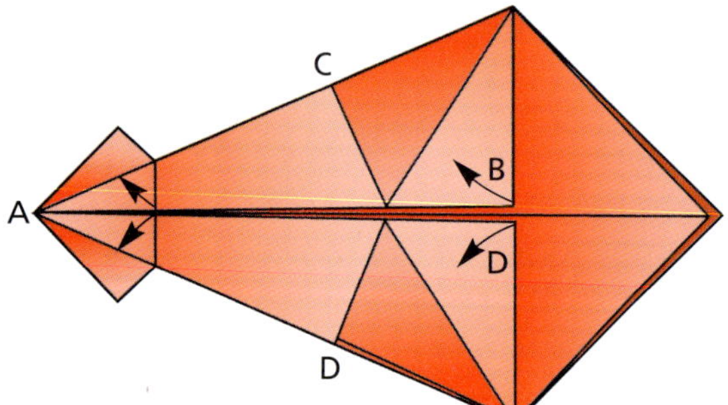

3 … avec le papier du dessus :

- à l'angle A, découpez et dépliez la queue.
- rabattez les angles B et D.

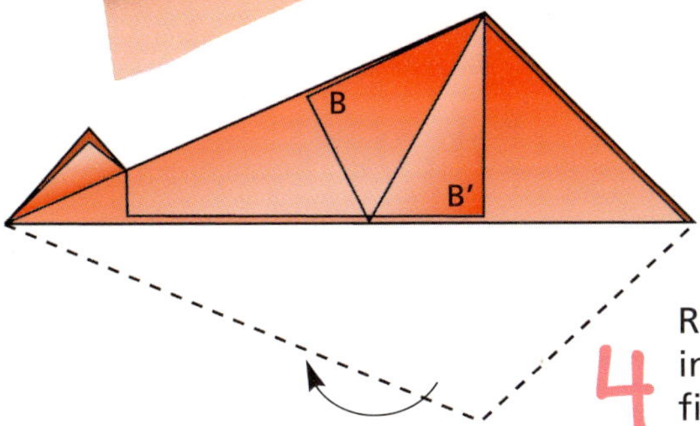

4 Repliez la partie inférieure de la figure vers l'arrière.

5 Tenez le poisson par la queue. Soulevez l'angle C et écrasez-le au niveau des pointillés.

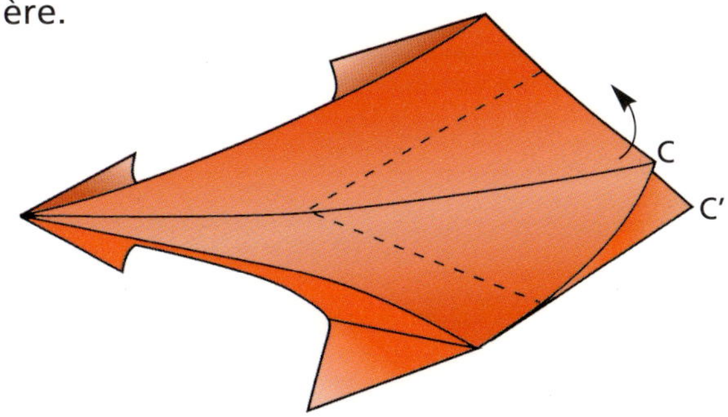

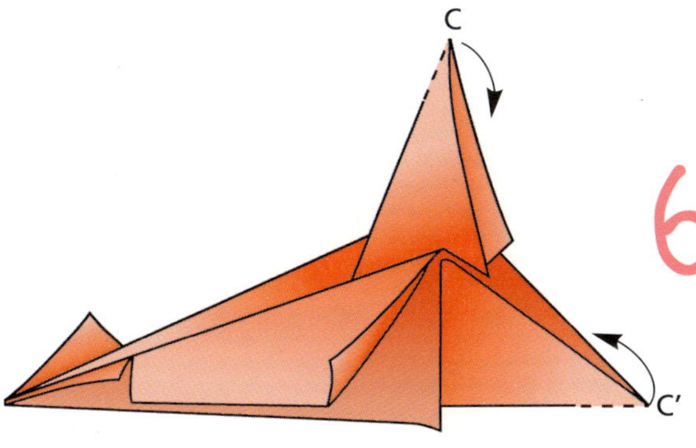

6 Pour faire les dents, découpez l'angle C sur 2 cm et C'sur 3 cm et rabattez les pointes obtenues vers l'intérieur. Vous obtenez ainsi la bouche. Écartez les nageoires du corps pour faire tenir le poisson.

Le papillon

MATÉRIEL

- une feuille de papier de couleur • un cure-pipe de 24 cm
- des pastilles autocollantes • des ciseaux

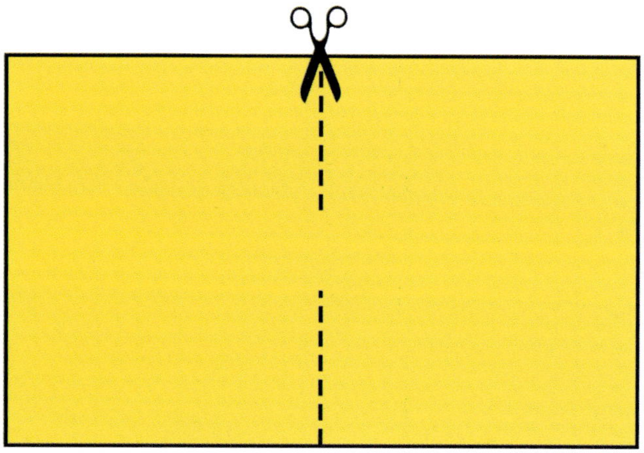

1 Préparez un rectangle de 15 x 11 cm dans un papier de couleur. Découpez les entailles en suivant les pointillés sur 4,5 cm.

2 Relevez les coins A et B.

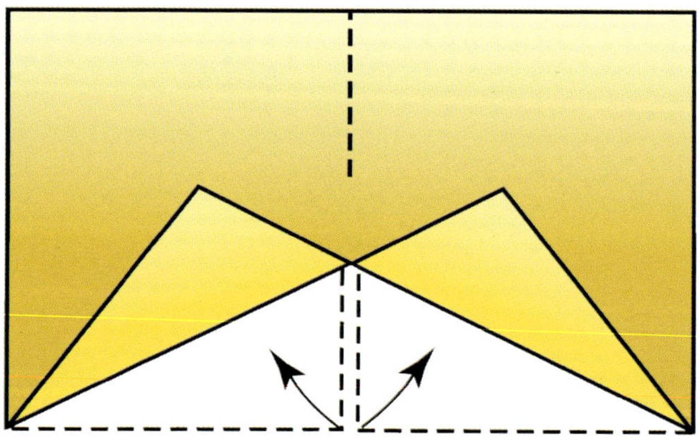

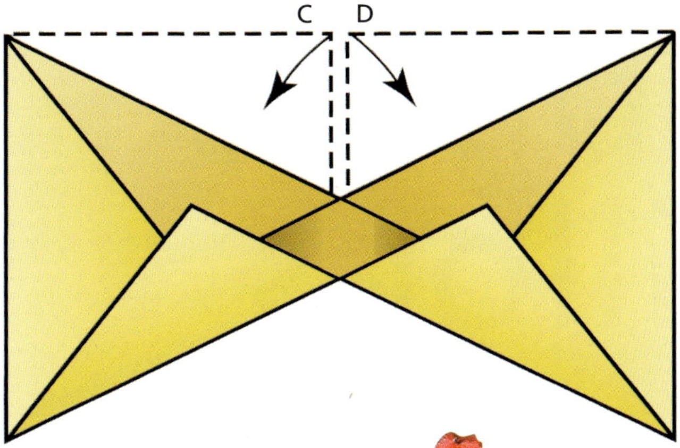

3 Abaissez ensuite les coins C et D. Vous obtenez les ailes du papillon.

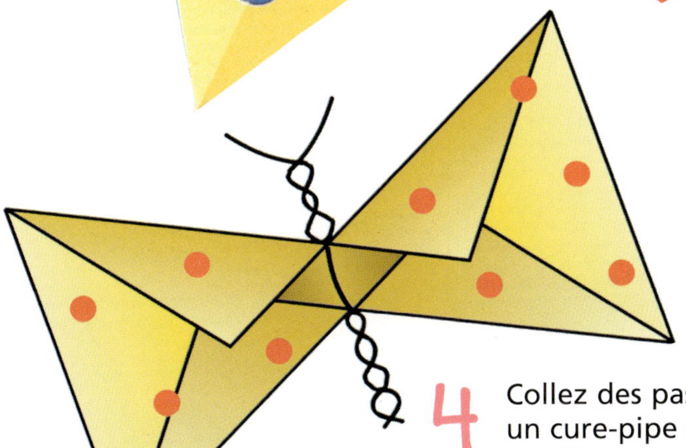

4 Collez des pastilles de couleur sur les ailes. Pliez un cure-pipe en deux et posez le corps du papillon entre les deux tiges. Torsadez le cure-pipe à l'arrière puis en avant en laissant 4 cm pour faire les antennes.

Le mobile de papillons

MATÉRIEL
• une feuille de papier rectangulaire de 20 x 10 cm

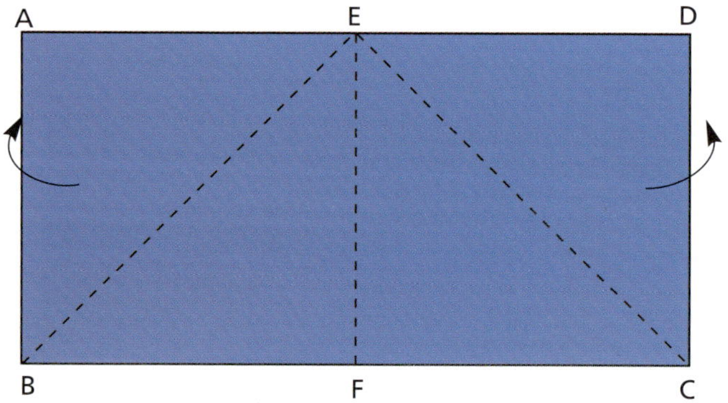

1 Marquez le pli de la médiane EF. Repliez les angles A et D vers l'arrière suivant les pointillés.

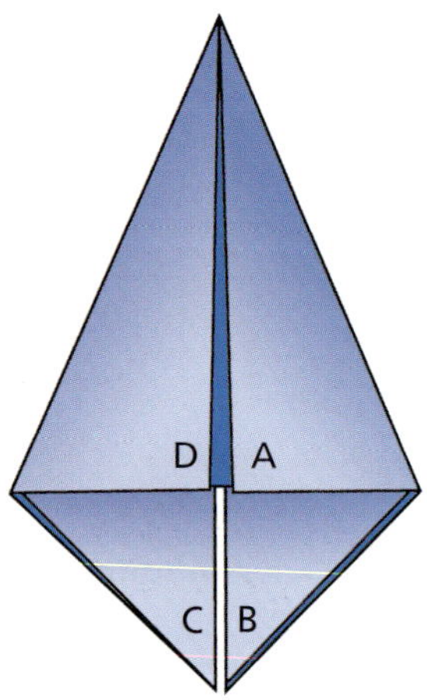

2 Rabattez les angles B et C sur la médiane EF.

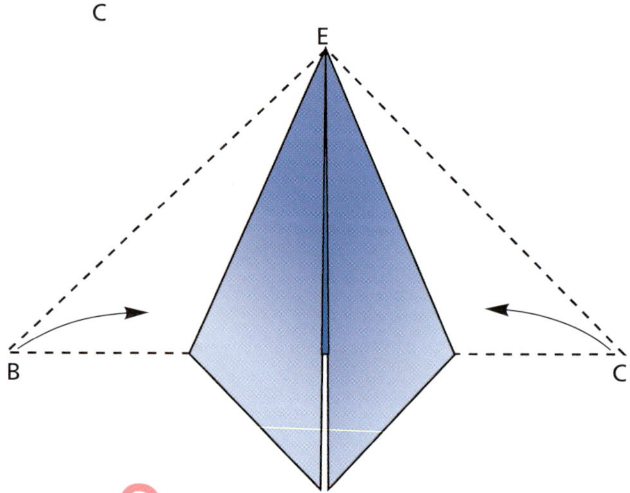

3 Retournez la figure. Vous obtenez ceci.

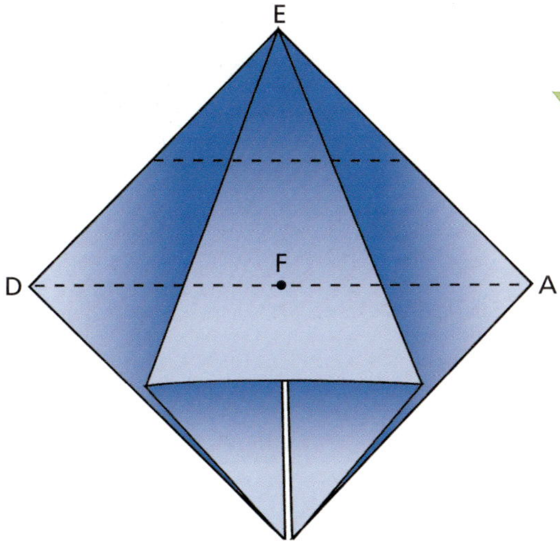

4 Ouvrez les angles D et A. Marquez le pli DA et abaissez l'angle E sur le point F.

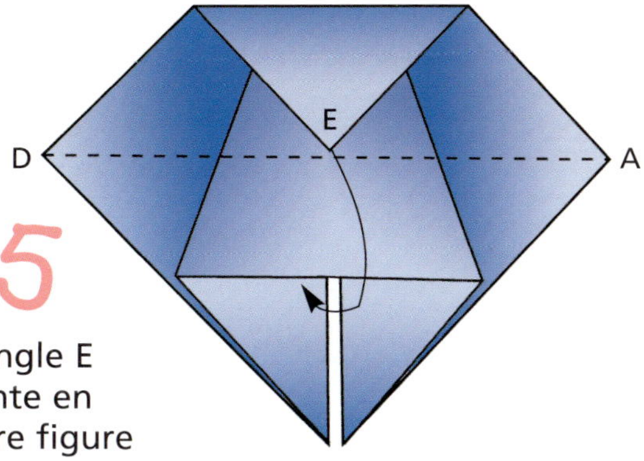

5 Glissez l'angle E sous la fente en pliant votre figure à la diagonale DA.

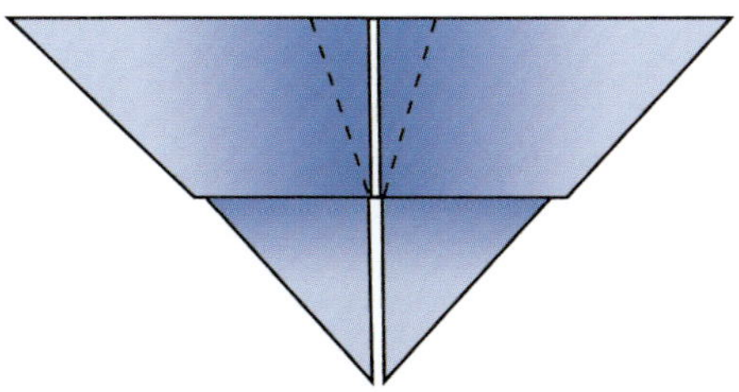

6 Pliez les ailes suivant les pointillés de manière à pousser le corps vers l'intérieur.

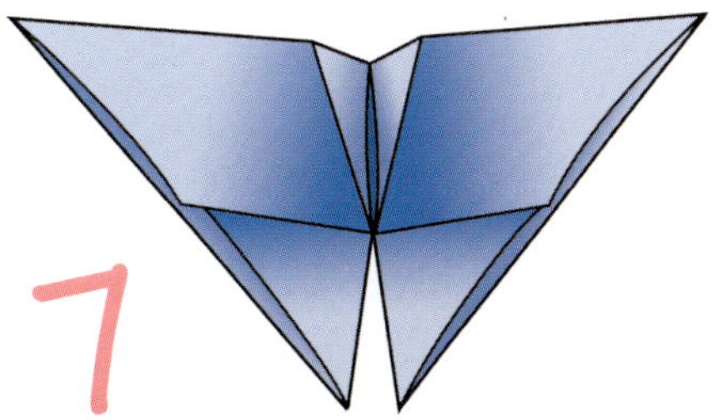

7 Ouvrez les ailes et arrondissez-les pour donner du volume à votre papillon.

Le pigeon voyageur

MATÉRIEL

- une feuille de papier carrée de 20 x 20 cm
- un bâtonnet ou un crayon ou une paille

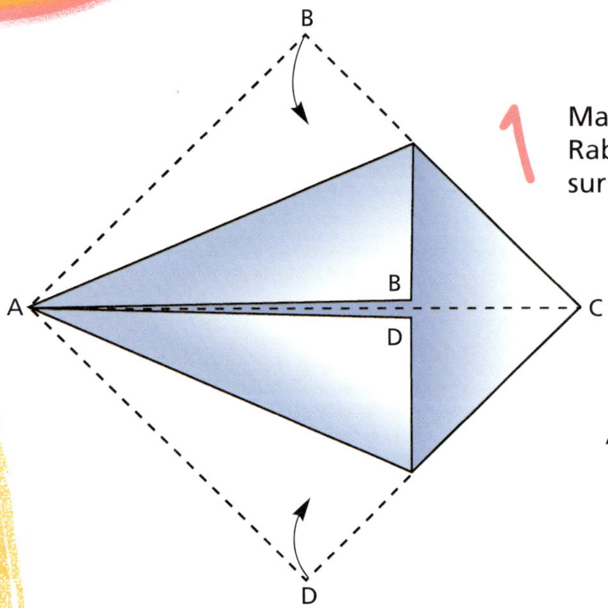

1 Marquez le pli diagonal AC. Rabattez les angles B et D sur cette diagonale.

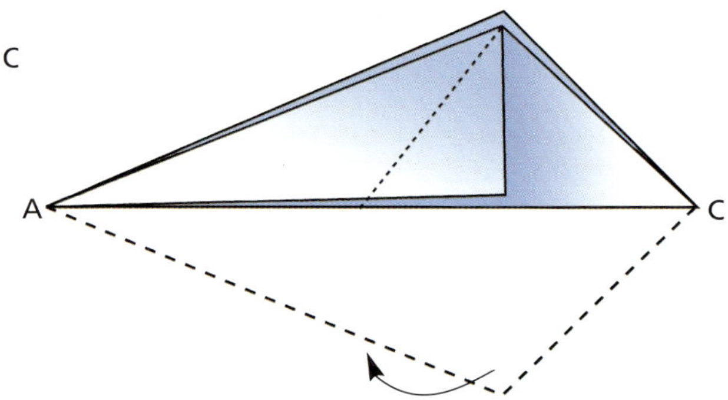

2 Repliez la partie inférieure de la figure vers l'arrière. Marquez un pli suivant les pointillés.

3 Relevez l'angle C en le poussant à l'intérieur de la figure. Marquez un pli suivant les pointillés.

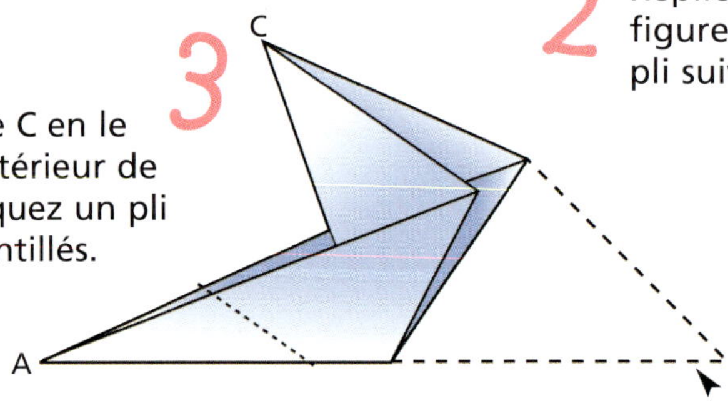

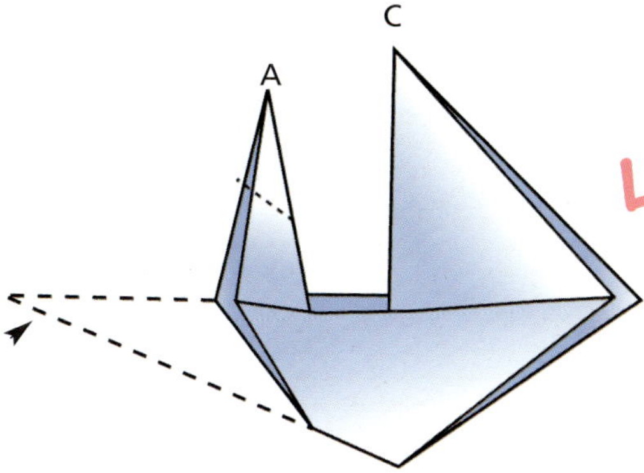

4 Relevez l'angle A en le poussant vers l'intérieur de la figure. Marquez un pli suivant les pointillés.

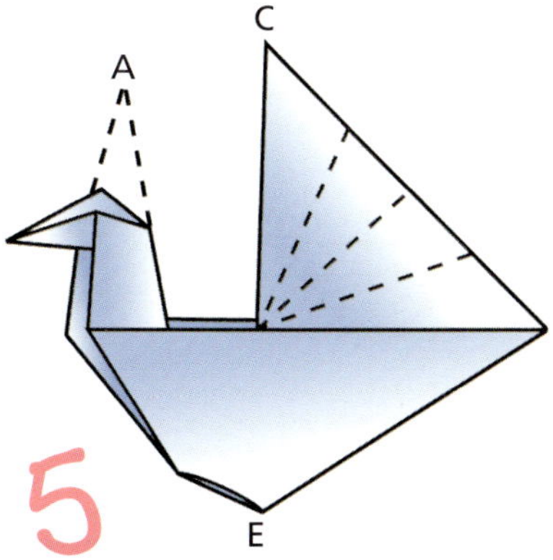

5 Abaissez l'angle A en le poussant vers l'intérieur. Marquez les trois plis de la queue. Glissez la bâtonnet dans l'espace E.

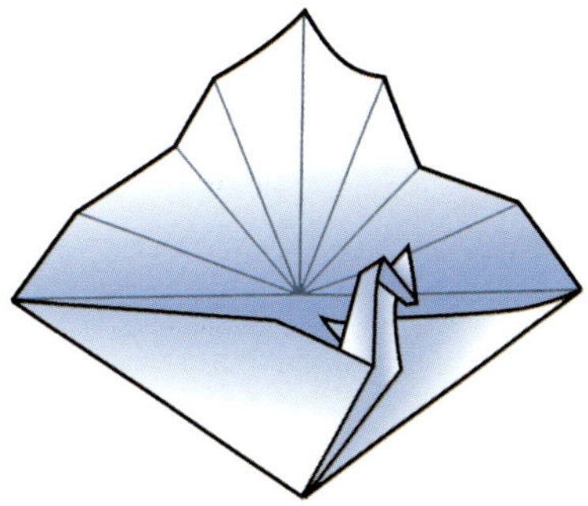

6 Déployez la queue. Pincez les plis vers l'arrière pour donner du relief.

Le perroquet

MATÉRIEL

- une feuille de papier carrée de 20 x 20 cm
- un crayon • des ciseaux

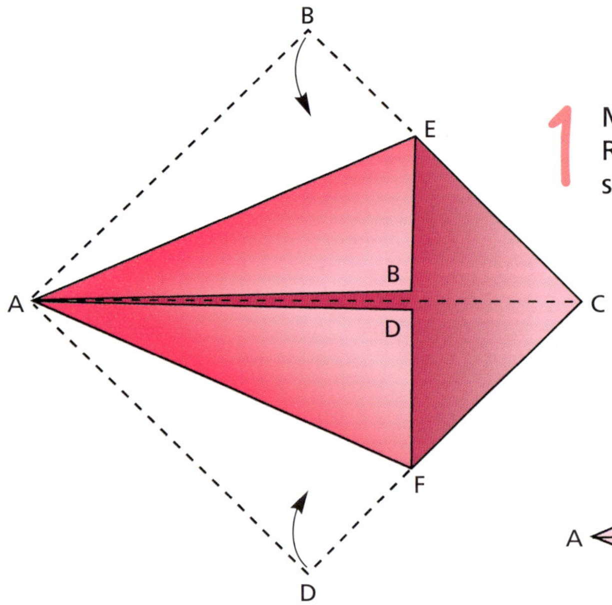

1 Marquez le pli diagonal AC. Rabattez les angles B et D sur cette diagonale.

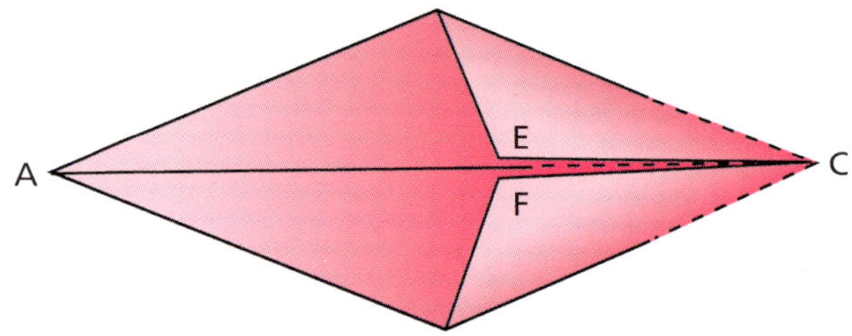

2 Rabattez les angles E et F sur la diagonale. Découpez l'angle C en suivant les pointillés.

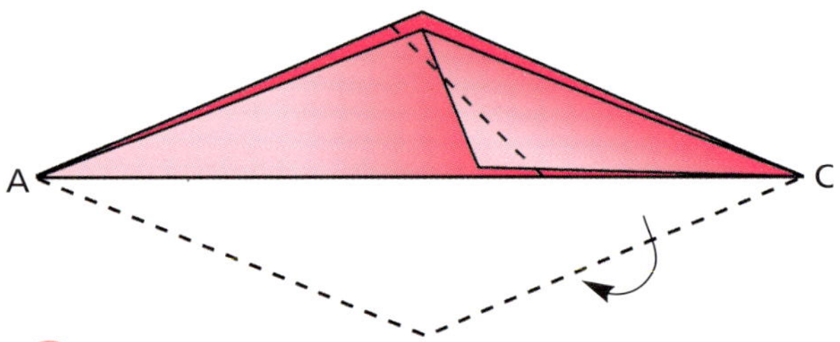

3 Repliez la partie inférieure de la figure vers l'arrière. Suivant les pointillés…

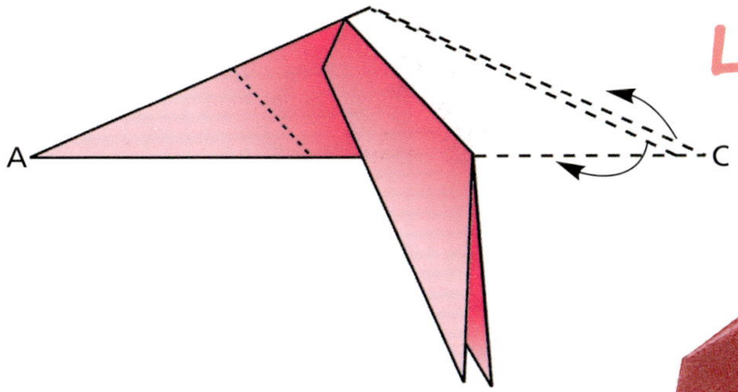

4 … rabattez les angles C vers le bas, de chaque côté. Marquez un pli suivant les pointillés.

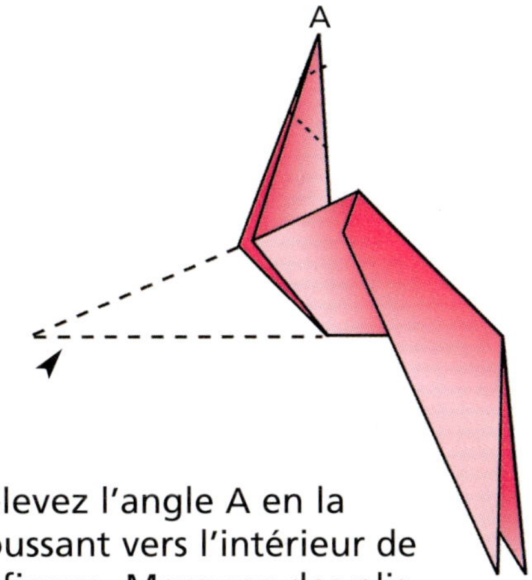

5 Relevez l'angle A en la poussant vers l'intérieur de la figure. Marquez des plis aux pointillés.

6 Repliez la tête et le bec vers l'intérieur. Roulez les quatre pointes de la queue. Dessinez les yeux.

Le mobile des oiseaux

MATÉRIEL

- 3 feuilles de papier gommé • du fil nylon • de la colle
- de la paille ou une baguette • des ciseaux • un compas

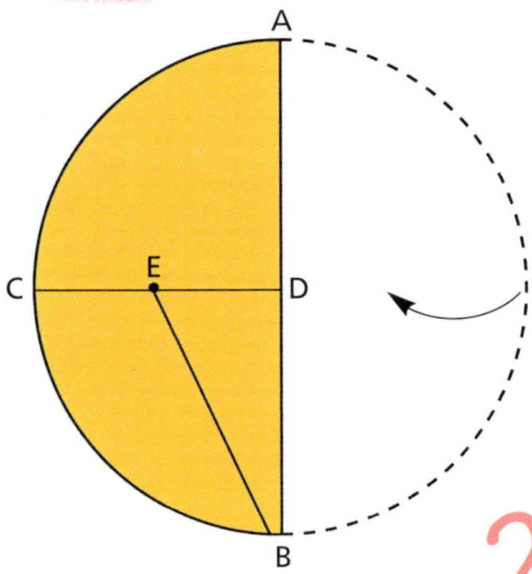

1 Découpez un cercle de 18 cm de diamètre Pliez-le en deux à la diagonale AB. Marquez un point E au centre de la ligne CD. Tracez une ligne EB et découpez-la.

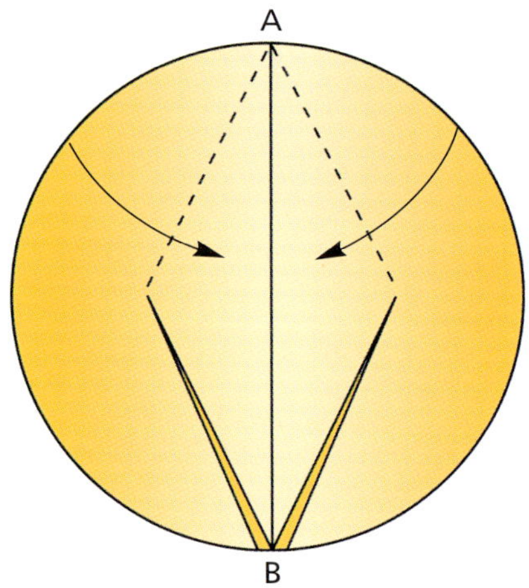

2 Ouvrez la figure et rabattez les côtés vers le centre le long des pointillés.

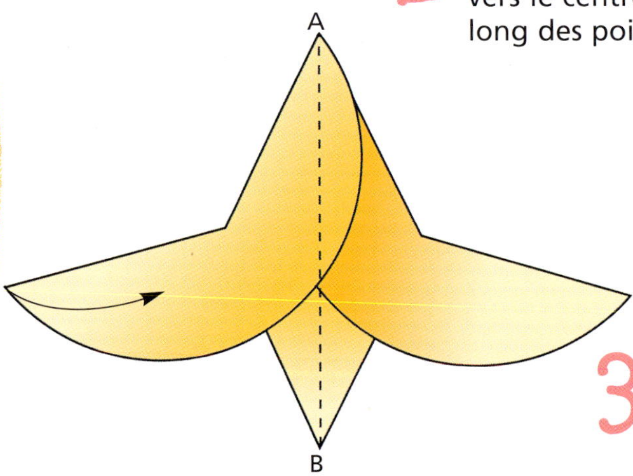

3 Vous obtenez ceci. Pliez ensuite la partie gauche sur la droite à la diagonale AB.

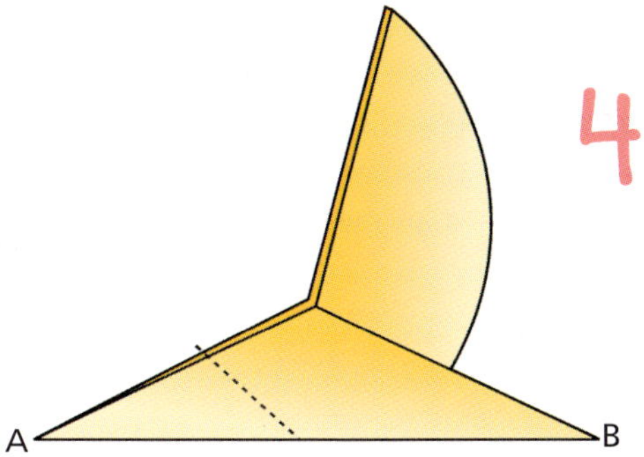

4 Placez la ligne AB à l'horizontale. Marquez le pli le long des pointillés.

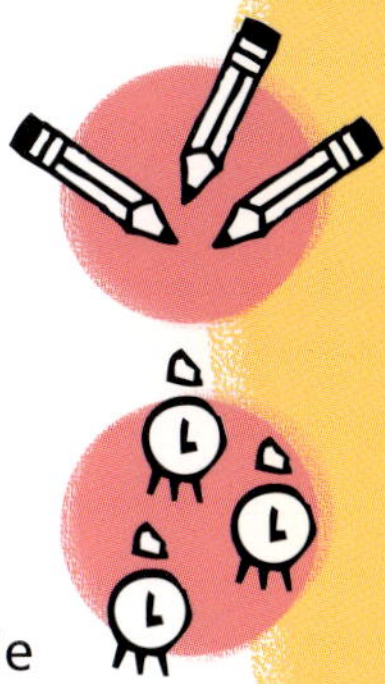

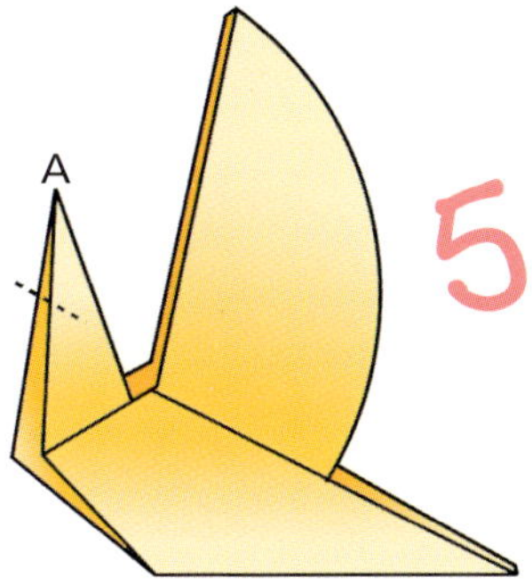

5 Au pli, relevez l'angle A en le poussant vers l'intérieur. Marquez un pli le long des pointillés.

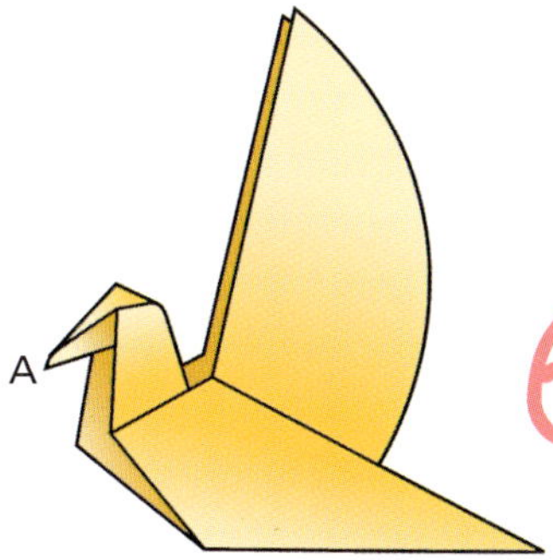

6 Au pli, poussez l'angle vers l'intérieur pour former la tête. Collez l'intérieur du corps de l'oiseau. Abaissez les ailes.

7 Glissez un fil dans la paille pour réaliser la suspension. Attachez-y chaque oiseau en plaçant celui du milieu 10 cm plus bas.

La cocotte

MATÉRIEL

- une feuille de papier carrée de 20 x 20 cm
- 2 pastilles autocollantes

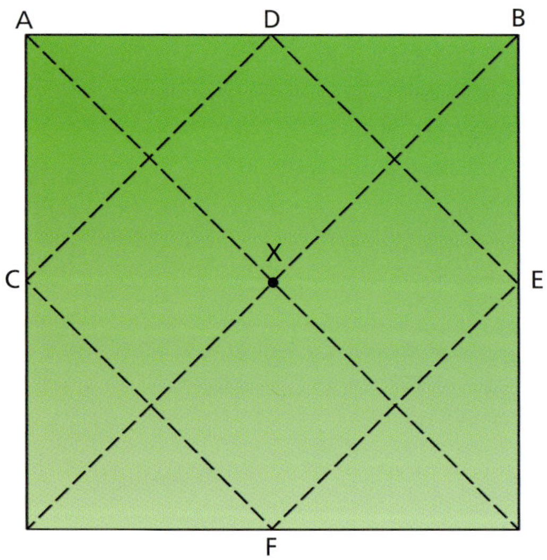

1 En pliant et dépliant le papier dans les deux sens, marquez soigneusement : les diagonales A et B et les plis CDEF en repliant les 4 coins vers le centre x.

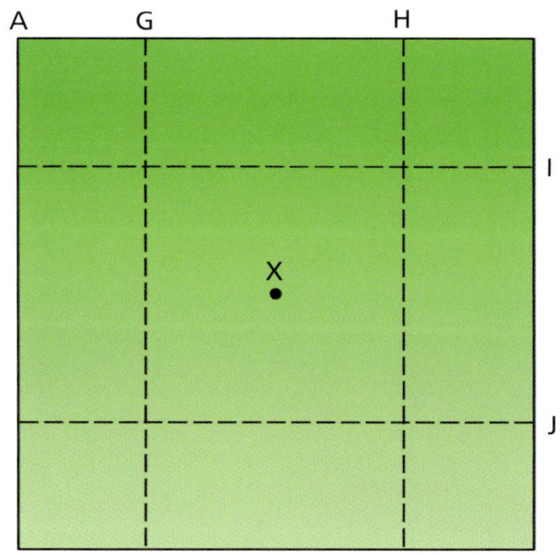

2 En rabattant chaque côté vers le centre du carré, marquez les plis GHIJ. Retournez ensuite le papier, la pointe A vers le haut.

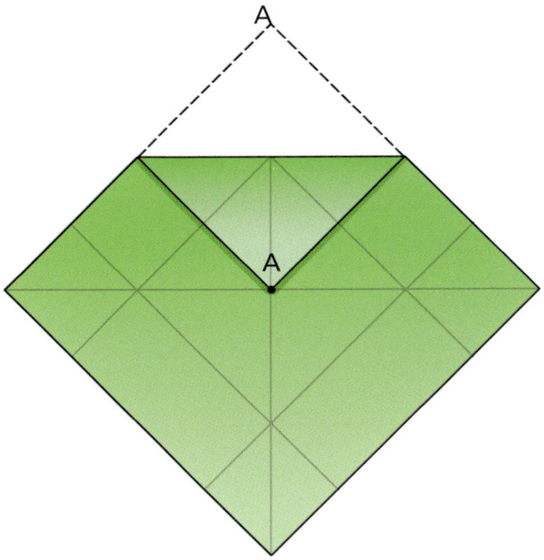

3 Abaissez la pointe A vers le centre.

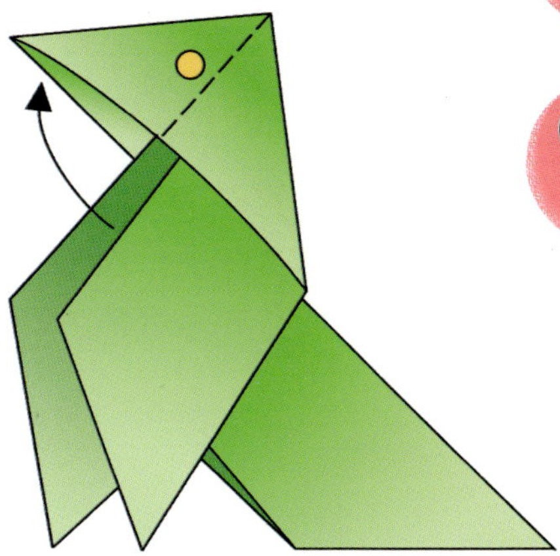

5 Soulevez la pointe A pour réaliser la tête. Dessinez ou collez des pastilles pour les yeux.

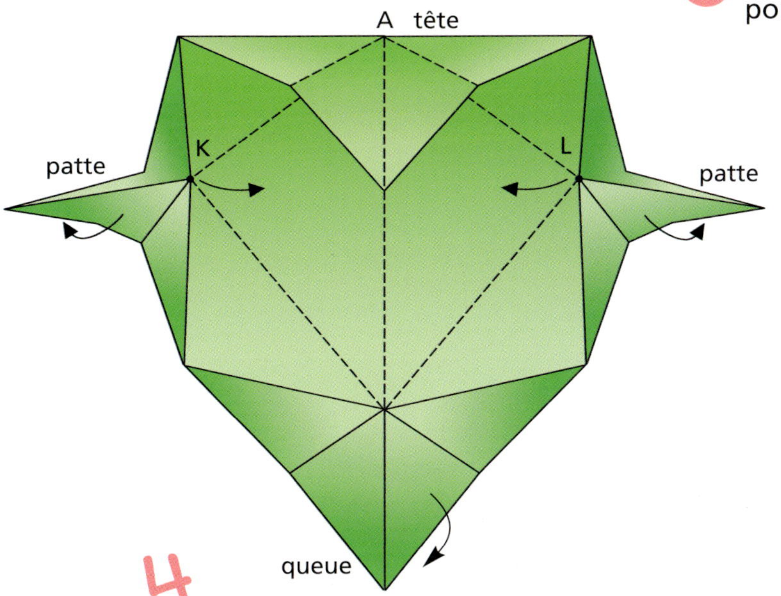

4 Attention ! voici la phase la plus difficile. Tout en ramenant le coin K sur le coin L, sur la diagonale A, poussez les coins pattes et queue vers l'arrière, en réunissant chaque pointe.

L'oie

MATÉRIEL

- une feuille de papier carrée de 20 x 20 cm
- 2 pastilles autocollantes • de la colle

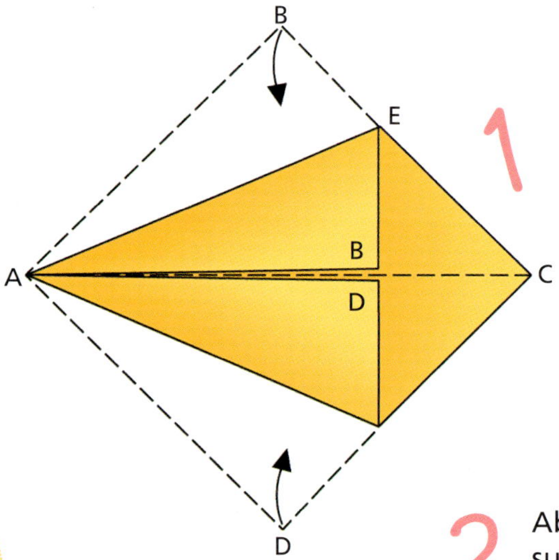

1 Marquez le pli diagonal AC. Rabattez les angles B et D sur cette diagonale.

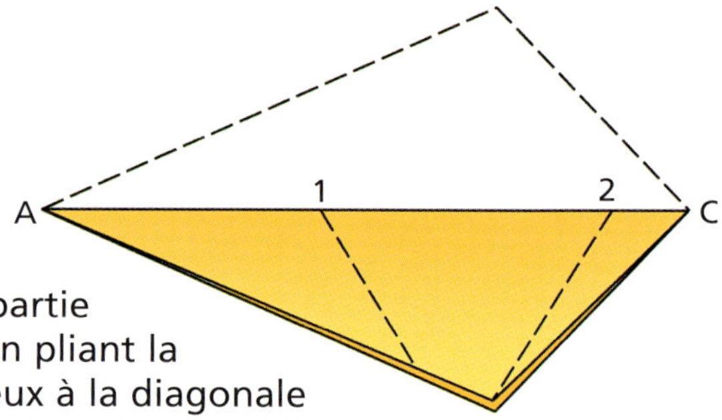

2 Abaissez la partie supérieure en pliant la feuille en deux à la diagonale AC. Marquez les plis suivant les pointillés 1 et 2.

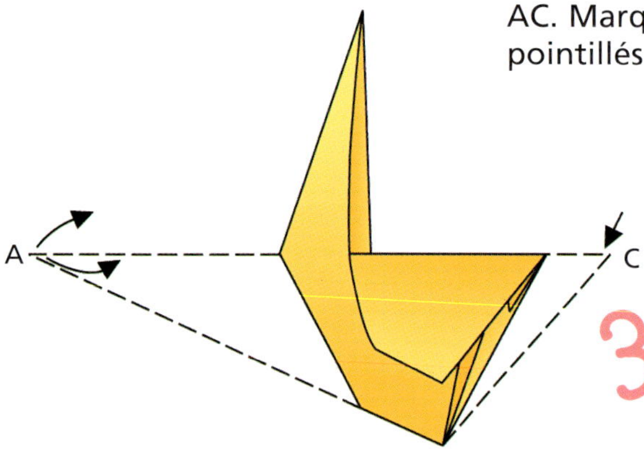

3 Mettez la figure à plat. Relevez l'angle A en le poussant vers la gauche tout en refermant la figure. Poussez l'angle C vers l'intérieur.

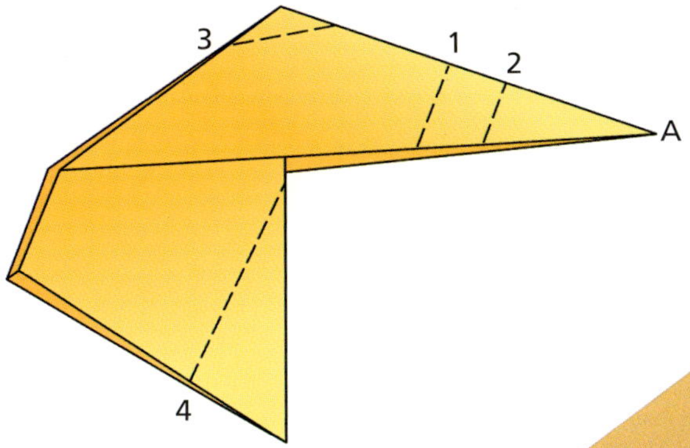

4

Marquez les plis 1-2-3-4.

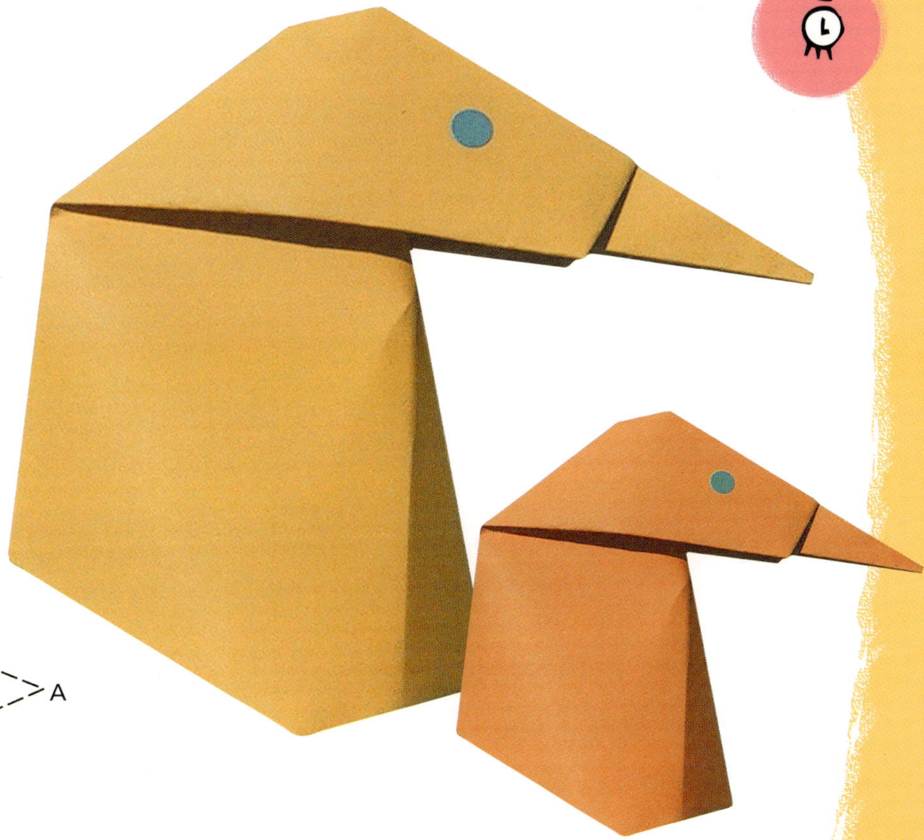

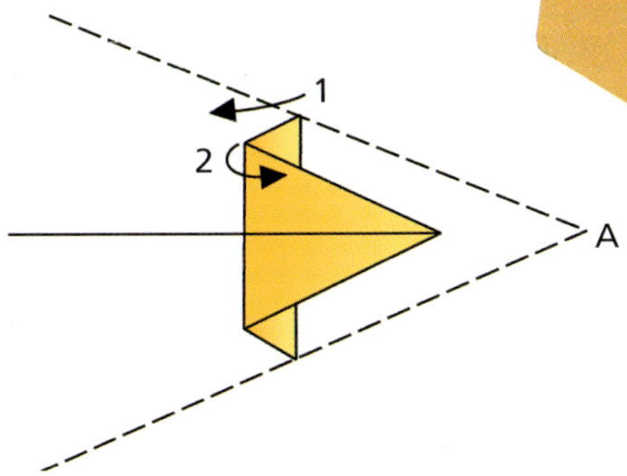

5

Pour le bec : ouvrez le pliage.
Poussez la pointe A vers l'intérieur sur le pli 1.
Rabattez la pointe A vers l'extérieur sur le pli 2.
Refermez la figure.

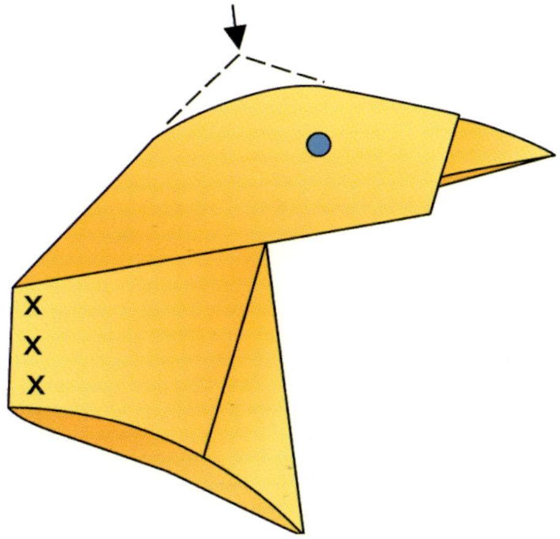

6

En ouvrant un peu la tête, faites entrer la pointe à l'intérieur, au pli 3. Ajoutez les yeux. Le long des points X, posez un léger trait de colle pour fermer le cou.

la chauve-souris

MATÉRIEL

• un papier rectangle de 29 x 12 cm • 8 pastilles autocollantes de différentes couleurs • des ciseaux

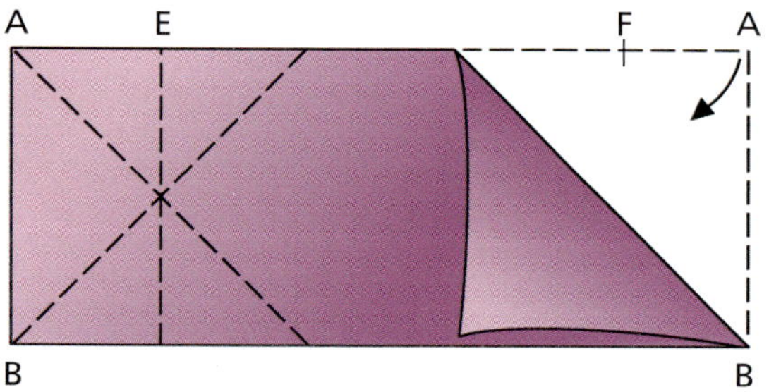

1 De chaque côté du rectangle, délimitez les deux carrés en marquant les plis en diagonale aux coins A et B. Marquez ensuite le pli aux médianes E et F.

2 À chaque carré : aux plis E et F, pliez les côtés vers l'intérieur. Faites rentrer les pointes C et D à l'intérieur, en suivant les diagonales.

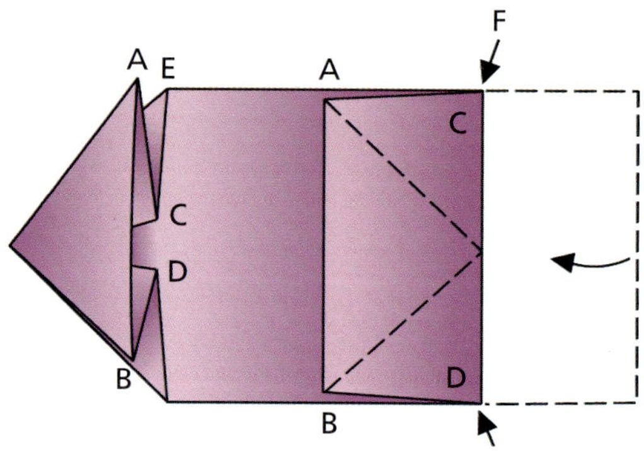

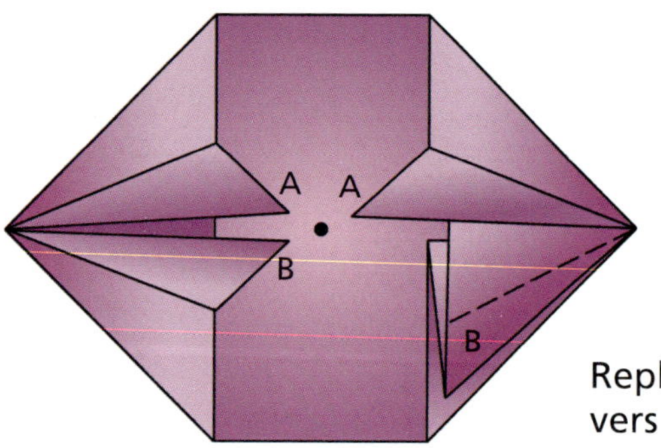

3 Repliez les pointes A et B vers le centre.

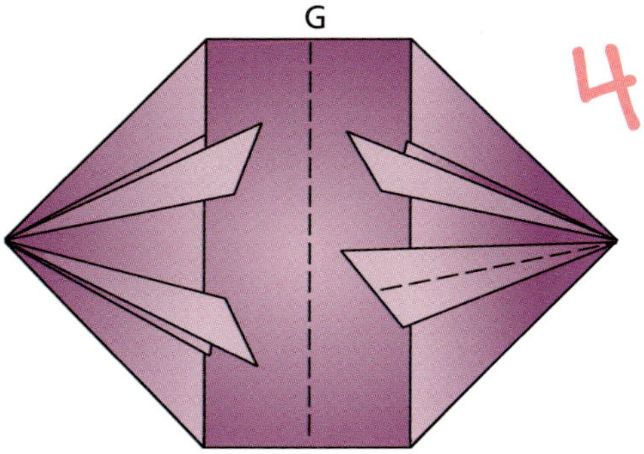

4

Repliez de nouveau chaque pointe vers l'extérieur en leur milieu. Sur le pli central G, rabattez la partie droite sur la partie gauche.

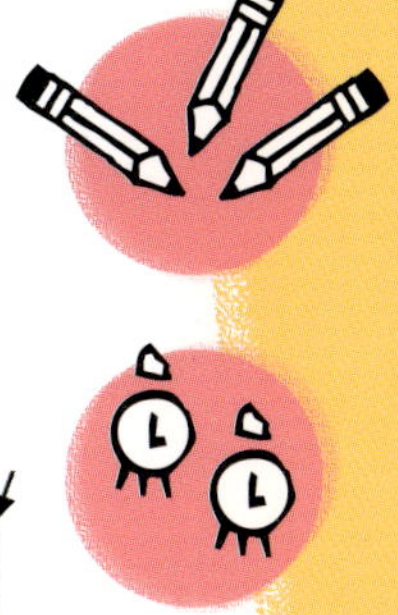

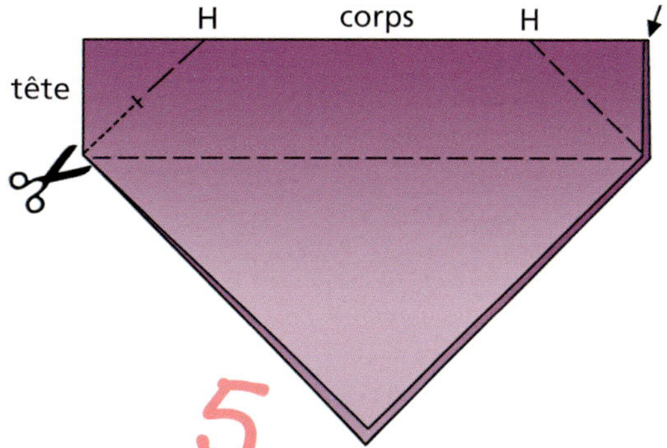

5

Placez les pointes en bas. Marquez les plis H et le pli horizontal I. Découpez la moitié du pli de la tête. Rentrez le coin de droite à l'intérieur du corps.

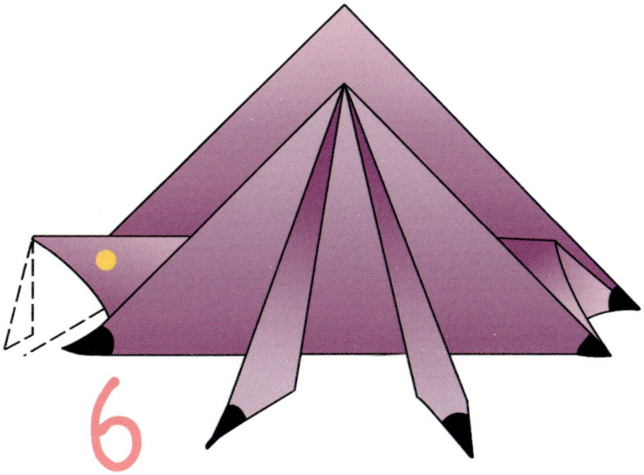

6

Redressez les pattes de chaque côté du corps. Rentrez les pointes découpées à l'intérieur de la tête. Collez les pastilles noires à l'extrémité des pattes. Ajoutez les yeux.

Le dauphin

MATÉRIEL

- une feuille de papier carrée bleue de 20 x 20 cm
- une feuille de dessin ou de papier machine blanc
- de la colle • des ciseaux • un crayon • 2 pastilles autocollantes

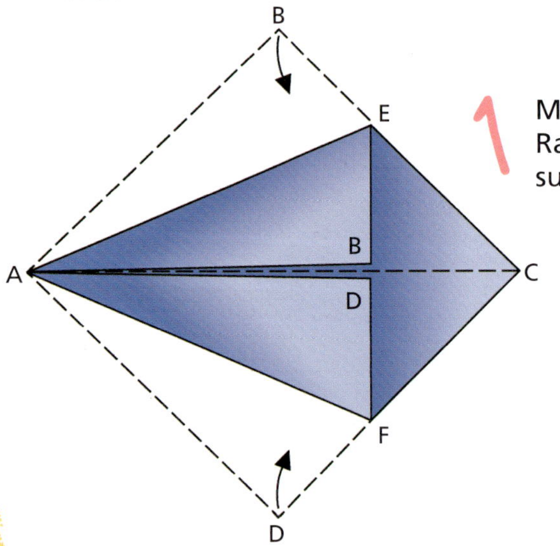

1 Marquez le pli diagonal AC. Rabattez les angles B et D sur cette diagonale.

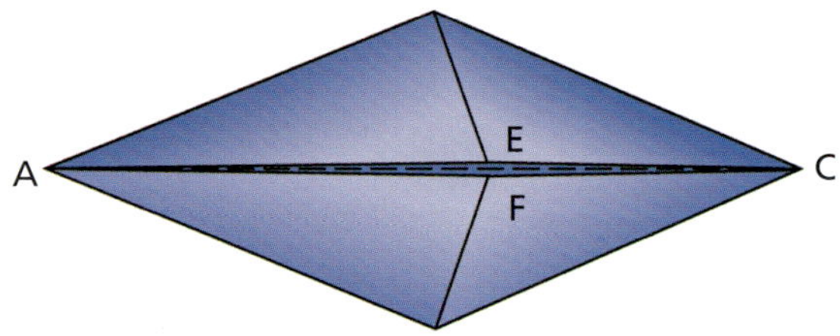

2 Rabattez les angles E et F sur la diagonale.

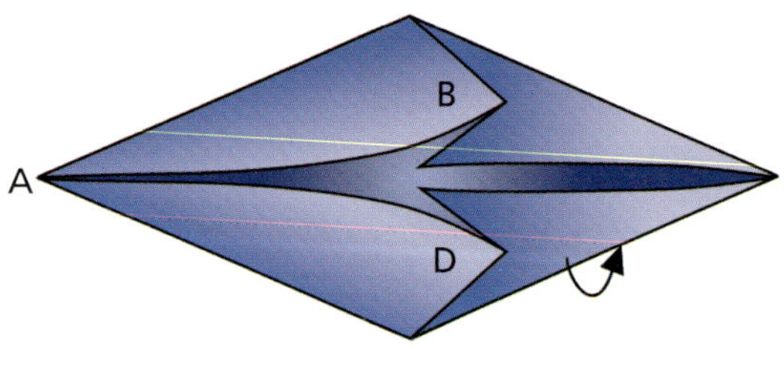

3 Soulevez les angles B et D et pincez les pointes. Rabattez-les sur la droite. Repliez la partie inférieure de la figure vers l'arrière.

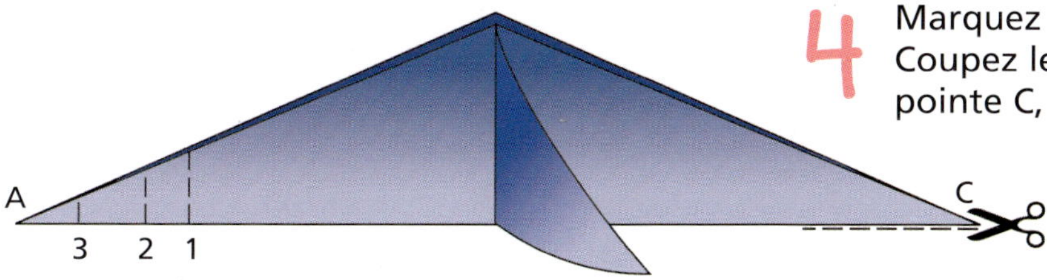

4 Marquez les plis 1-2-3. Coupez le milieu de la pointe C, à 5 cm du bord.

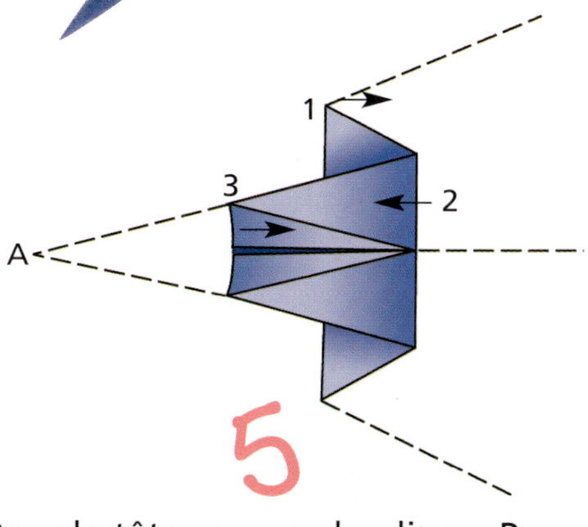

5

Pour la tête : ouvrez le pliage. Poussez la pointe A vers l'intérieur sur le pli 1. Rabattez la pointe A vers l'extérieur sur le pli 2. Rentrez la pointe A au pli 3. Refermez le corps du dauphin.

6 Collez le papier blanc découpé selon la forme du ventre, de chaque côté des nageoires. Ajoutez les yeux. Arrondissez les nageoires et les extrémités de la queue.

Le loup

MATÉRIEL

- un papier carré gris-bleu de 20 x 20 cm
- un marqueur noir • des ciseaux

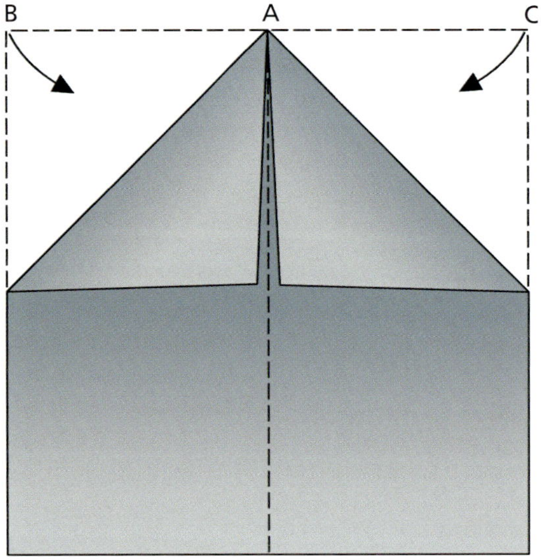

1 Marquez le pli central A. Pliez les coins B et C sur le pli A. Retournez le pliage.

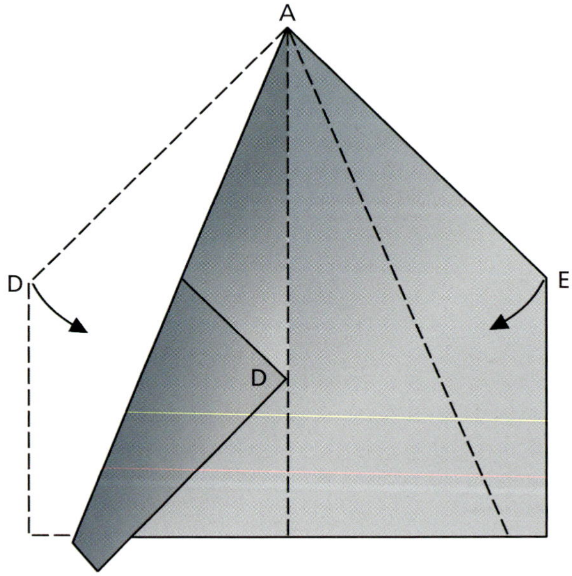

2 Pliez les côtés D et E sur le pli central A.

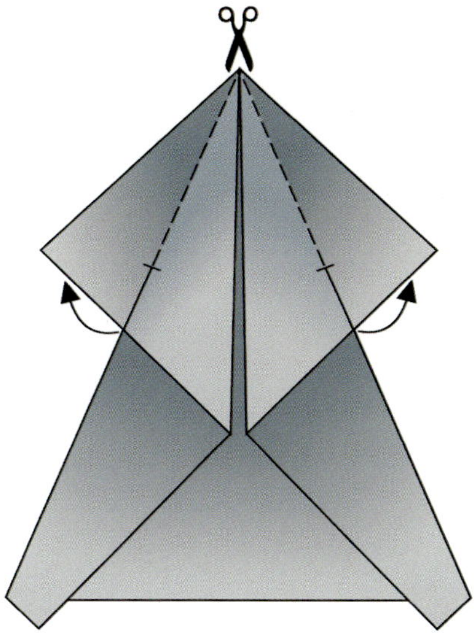

3 Ouvrez les côtés situés à l'arrière. Découpez-les selon les pointillés jusqu'à 2 cm du bord. Retournez la figure.

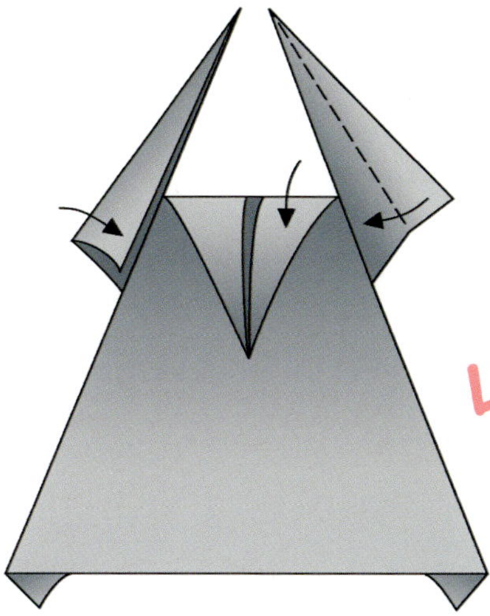

4 Le long des pointillés, pliez les oreilles vers l'intérieur. Abaissez la tête.

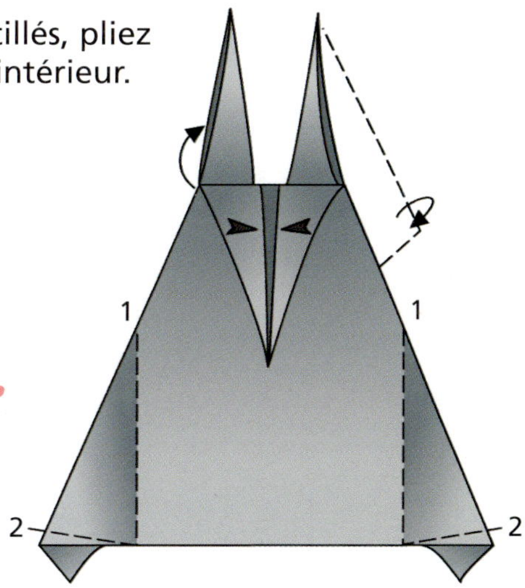

5 Rabattez les oreilles derrière la tête. Le long des pointillés 1, ramenez les pattes perpendiculairement au corps. Relevez les pieds, aux pointillés 2, légèrement en oblique. Pincez le nez pour donner du relief à la tête et ajoutez des yeux.

La vache

MATÉRIEL

• du papier collant • un crayon • une feuille blanche de 18 x 18 cm et une de 12 x 12 cm • de la colle • des ciseaux • un feutre noir • un cure-pipe blanc de 12 cm

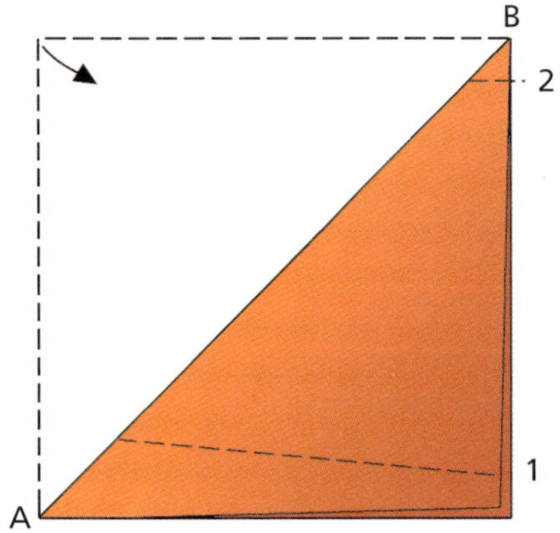

1

LE CORPS

Pliez en deux la feuille de 18 x 18 cm à la diagonale AB. Marquez les plis 1 et 2 le long des pointillés.

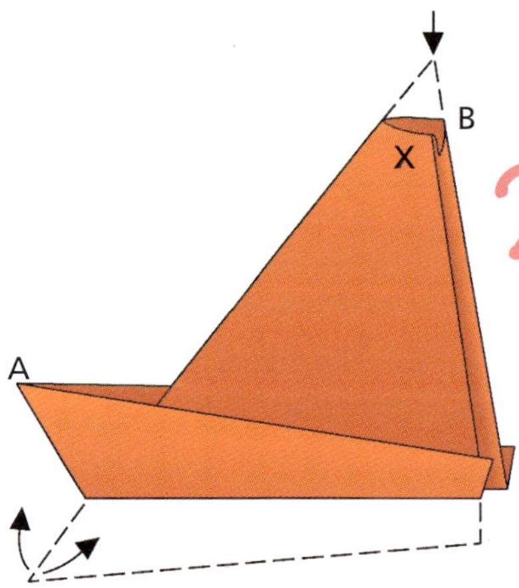

2

Pour former la base du corps, relevez l'angle A en le poussant vers l'extérieur. Au pli 2, poussez l'angle B vers l'intérieur. Collez l'intérieur au point X. Coloriez le corps.

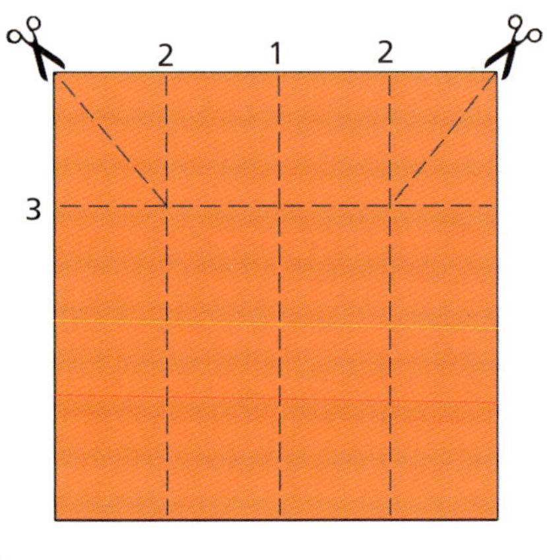

3

LA TÊTE

Dans la feuille de 12 x 12 cm, marquez les plis suivants: le pli central 1, les plis 2 au milieu du pli central, le pli 3 à 3,5 cm du haut. Découpez les angles supérieurs le long des petits pointillés.

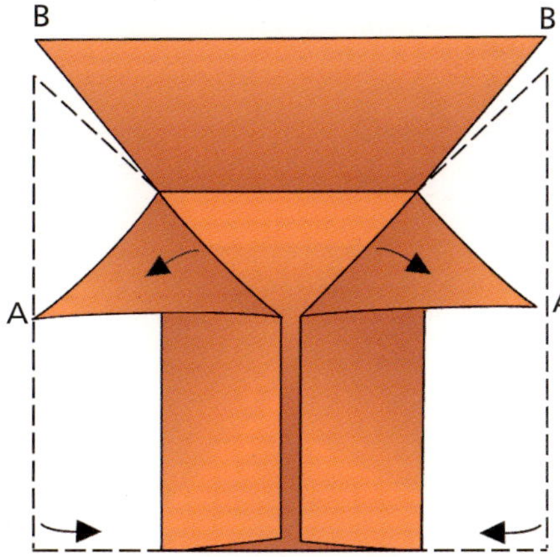

4 Rabattez les côtés sur le pli central et abaissez les pointes A à l'horizontale (les oreilles).

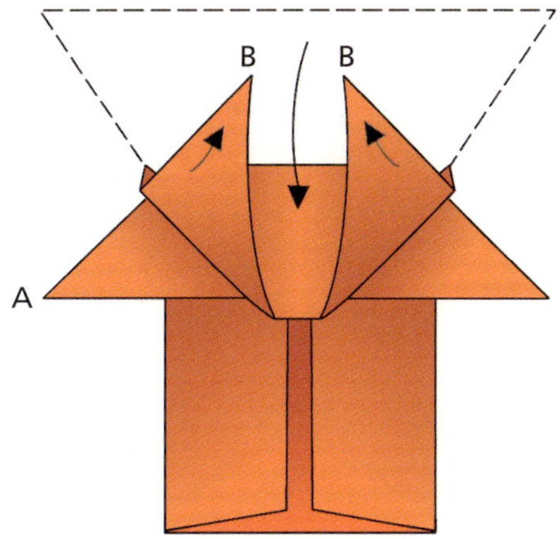

5 Abaissez la partie supérieure sur les oreilles puis remontez les pointes B à moitié (les cornes). Retournez la figure.

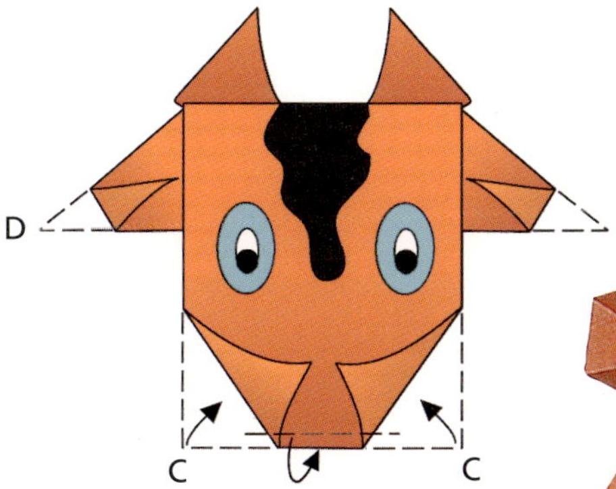

6 Relevez les pointes C vers le centre, en oblique. Pliez le bas de la bouche vers l'arrière en suivant les pointillés. Repliez et collez l'extrémité des oreilles D. Coloriez.

Découpez et collez une langue. Adaptez la tête au corps. Ajoutez une queue faite d'un cure-pipes.

L'otarie

MATÉRIEL

• une feuille de papier carrée de 20 x 20 cm
• un cercle de papier de couleur de 3 cm de diamètre
• de la colle • des ciseaux

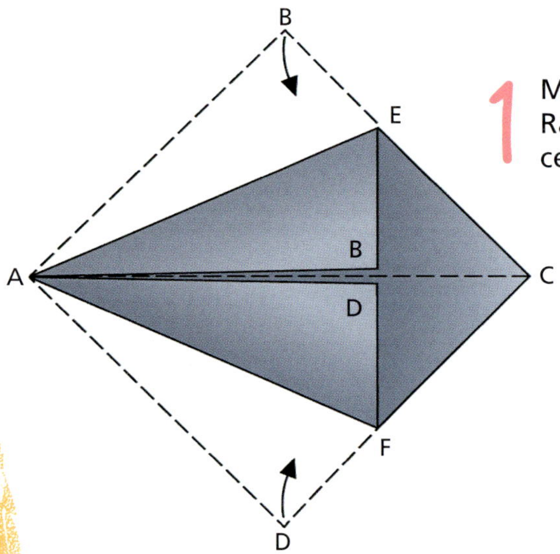

1 Marquez le pli diagonal AC. Rabattez les angles B et D sur cette diagonale.

2 Rabattez les angles E et F sur la diagonale.

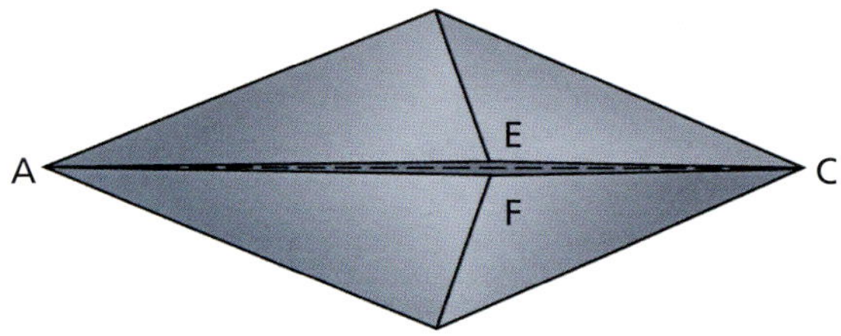

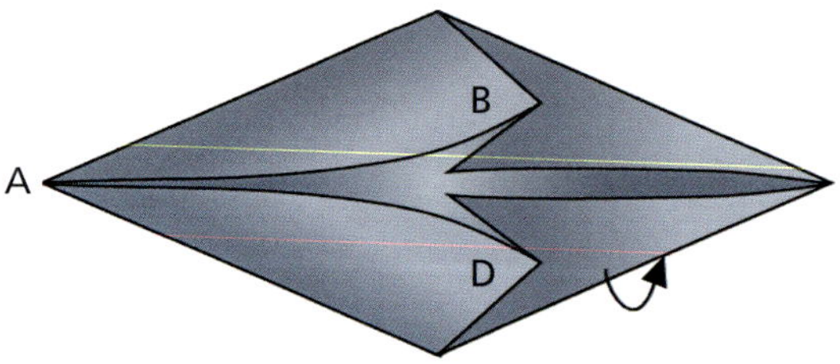

3 Soulevez les angles B et D et pincez les pointes. Rabattez-les sur la droite. Repliez la partie inférieure de la figure vers l'arrière.

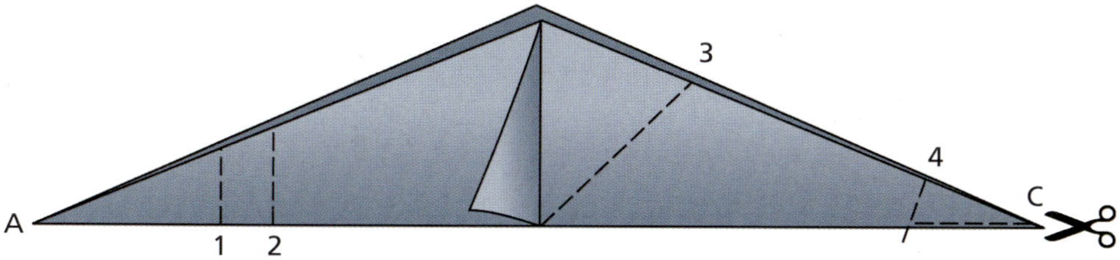

4 Marquez les plis : 1-2 pour faire la tête – 3 en levant la pointe C à la verticale. Coupez l'extrémité de la queue sur 4 cm et écartez les pointes en suivant le pli 4.

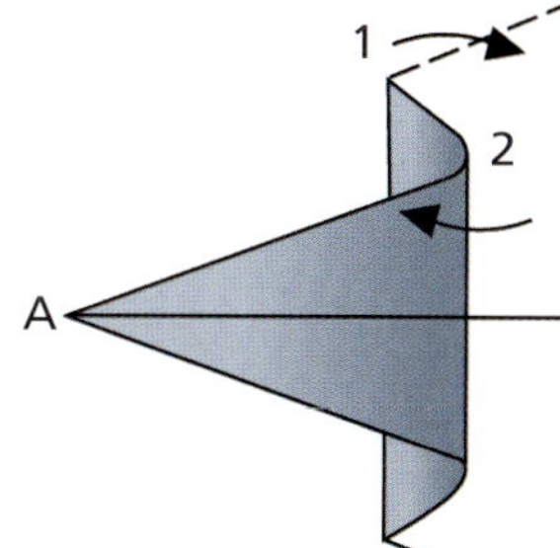

5 Pour la tête : ouvrez le pliage. Poussez la pointe A vers l'intérieur sur le pli 1. Rabattez la pointe A vers l'extérieur sur le pli 2. Refermez le corps de l'otarie.

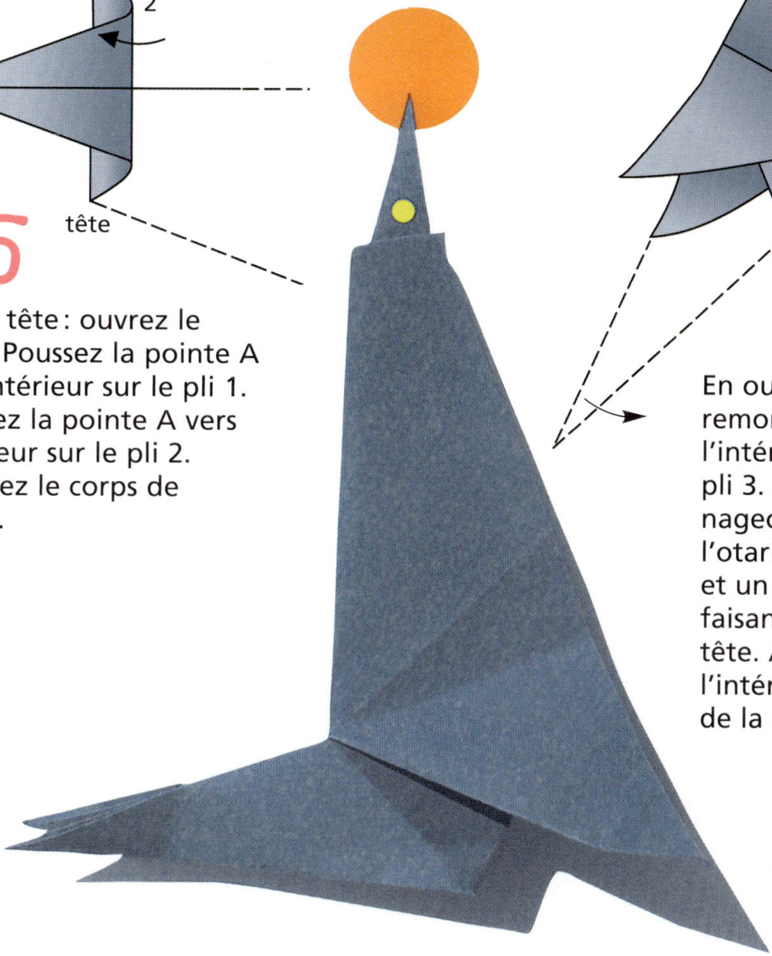

6 En ouvrant le corps, faites remonter la queue vers l'intérieur, en suivant le pli 3. Écartez le bas des nageoires pour faire tenir l'otarie. Ajoutez les yeux et un ballon en papier en faisant une entaille dans la tête. Arrondissez l'intérieur des extrémités de la queue.

AUTRES SUJETS

L'avion

MATÉRIEL

- une feuille de papier de couleur
- des ciseaux

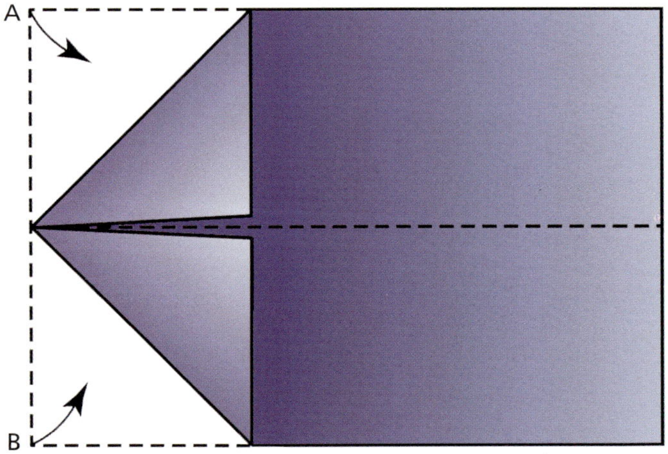

1 Préparez un rectangle de 12 cm x 18 cm dans un papier de couleur. Marquez le pli central et rabattez les côtés A et B sur ce pli.

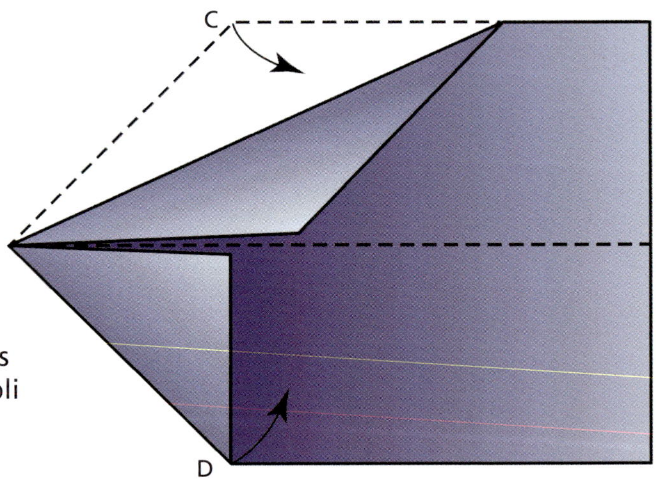

2 Pliez de nouveau les côtés C et D sur le pli central.

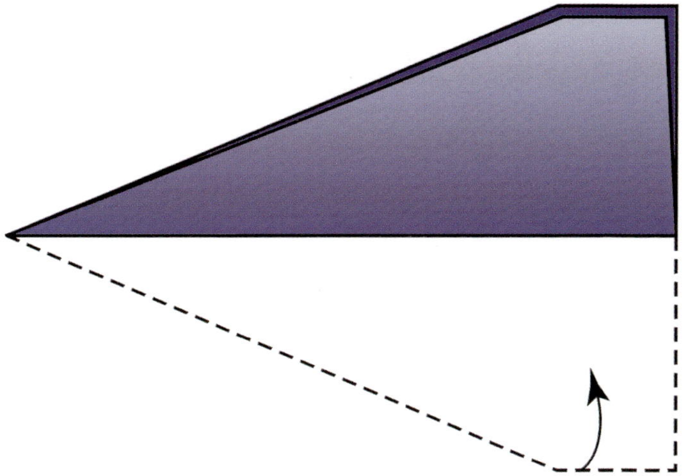

3 Relevez la partie inférieure en pliant la feuille en deux.

4 Abaissez les ailes de l'avion à l'horizontale et remontez un petit bord d'un centimètre. Votre avion est prêt à décoller.

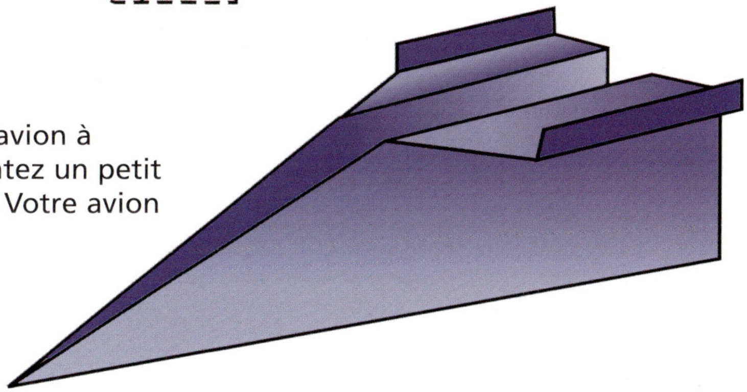

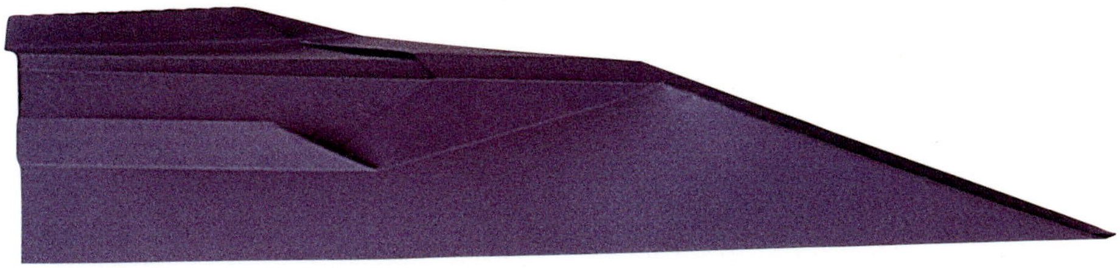

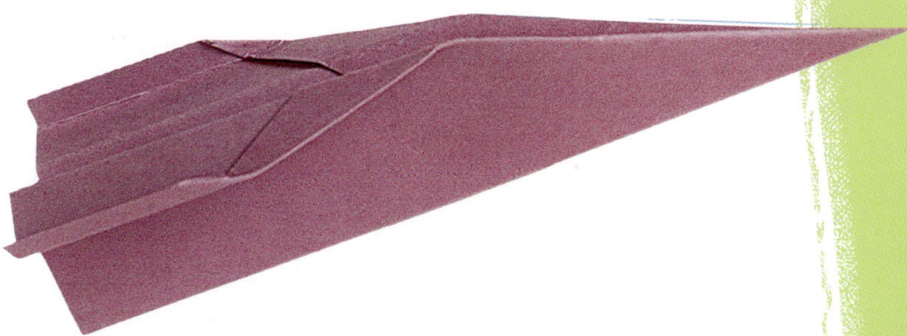

Le voilier

MATÉRIEL

- une feuille de papier de 15 x 15 cm
- des ciseaux

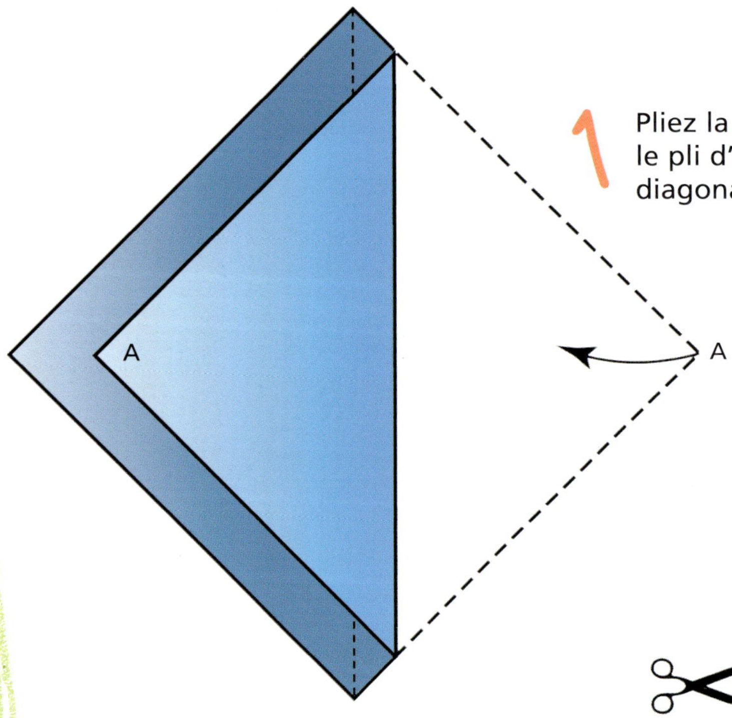

1 Pliez la feuille en deux en décalant le pli d'un centimètre de la diagonale.

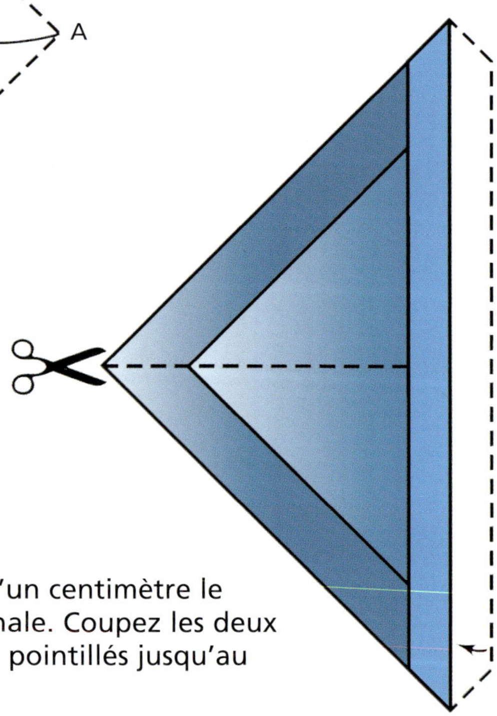

2 Repliez le bord d'un centimètre le long de la diagonale. Coupez les deux voiles le long des pointillés jusqu'au repli.

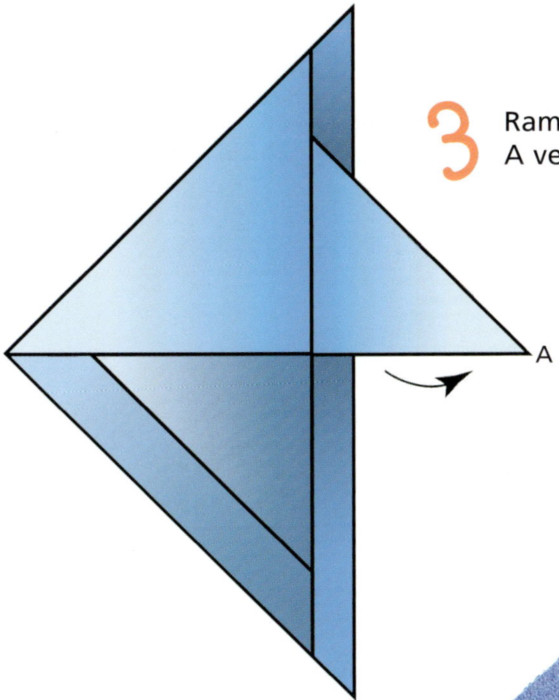

3 Ramenez la voile A vers la droite.

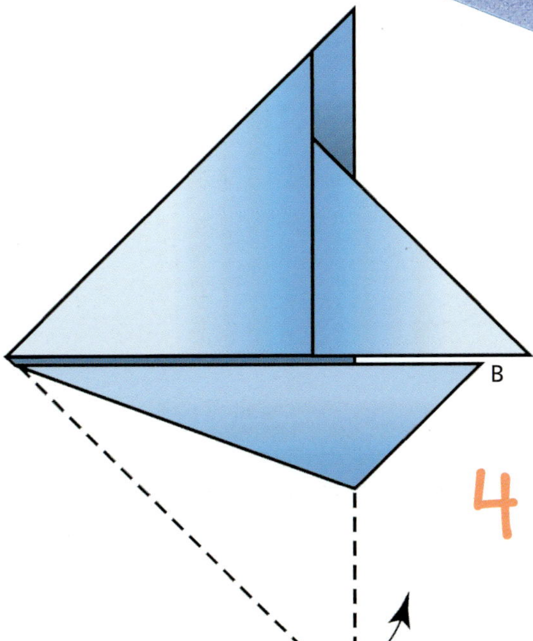

4 Réalisez la coque du voilier en relevant le coin B vers le haut, sous la ligne horizontale des voiles.

Le chapeau

MATÉRIEL

- une feuille de couleur de 48 x 40 cm
- de la colle • des plumes • des feuilles séchées

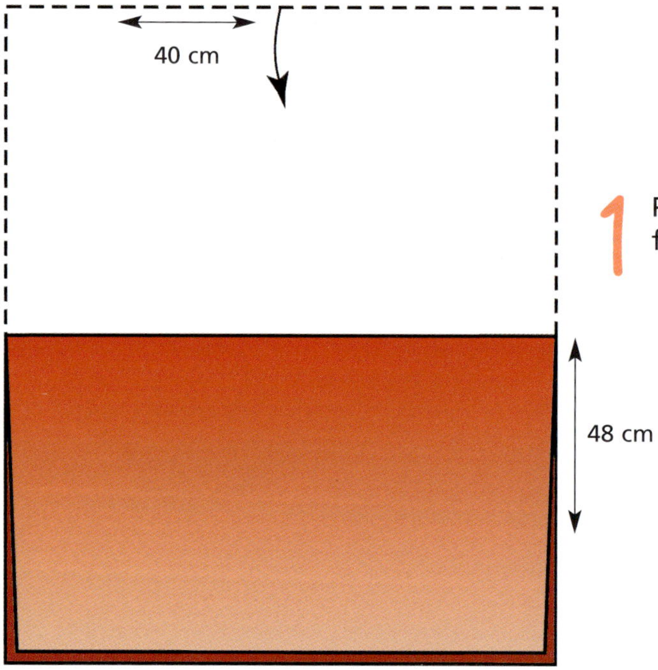

1 Pliez votre feuille en deux.

2 Abaissez les coins.

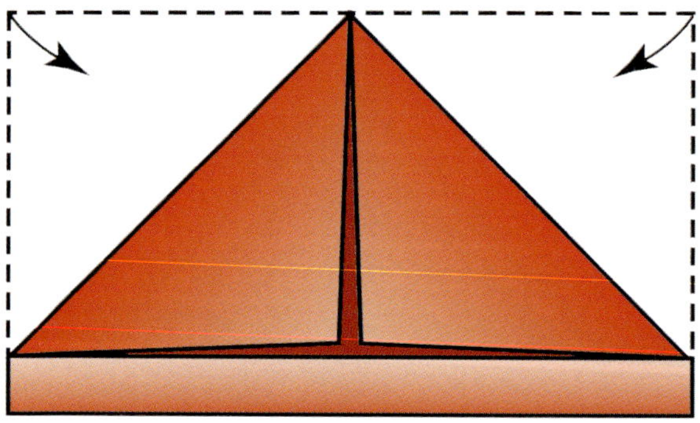

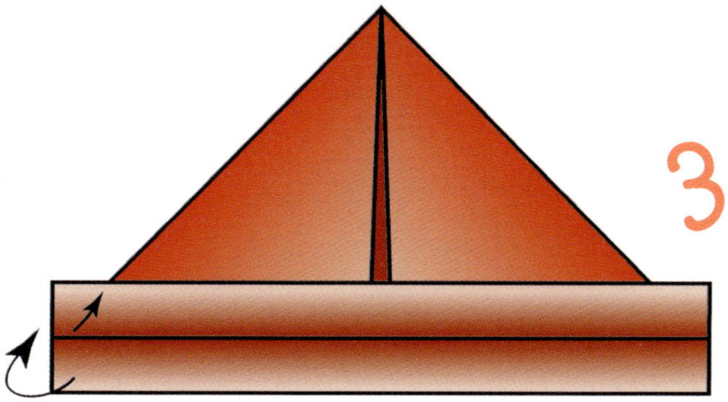

3 Relevez de chaque côté le bord inférieur.

4 Abaissez ensuite de chaque côté la moitié de ce bord. Décorez votre chapeau avec des plumes et des feuilles séchées.

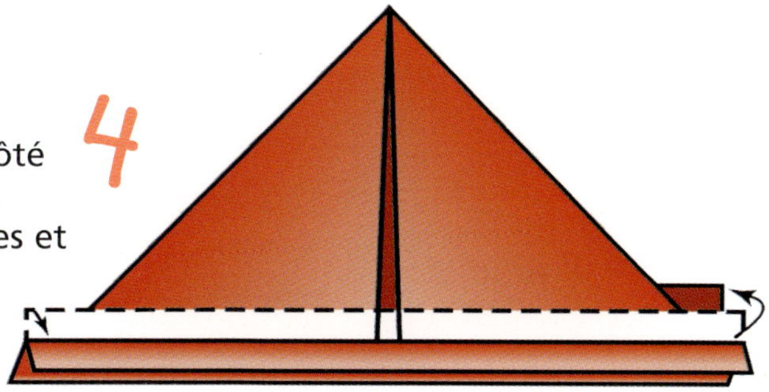

Le père Noël

MATÉRIEL

• une feuille de papier rouge de 20 x 20 cm • de la ouate • de la ficelle dorée • des ciseaux • de la colle • un rouleau vide de papier W.C • des marqueurs noir et rouge foncé

1 Marquez le pli central de votre carré. Abaissez les coins A et B le long du pli central. Découpez les marques indiquées par les pointillés.

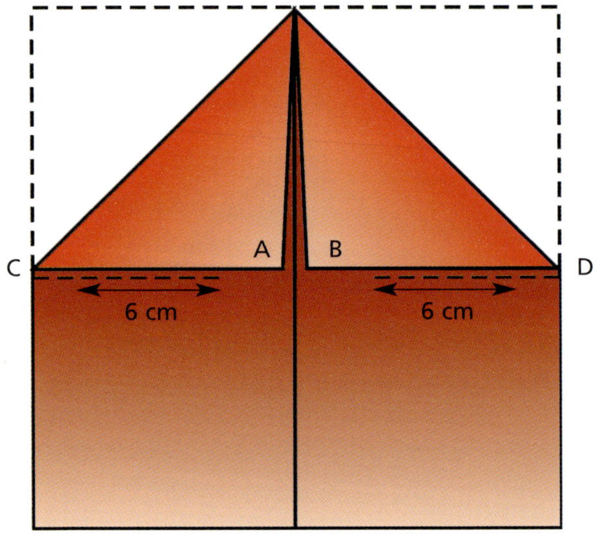

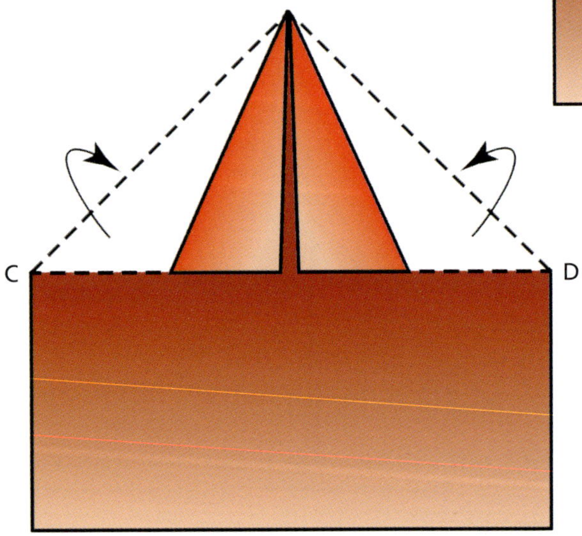

2 Pliez les coins C et D vers l'arrière, le long du pli central.

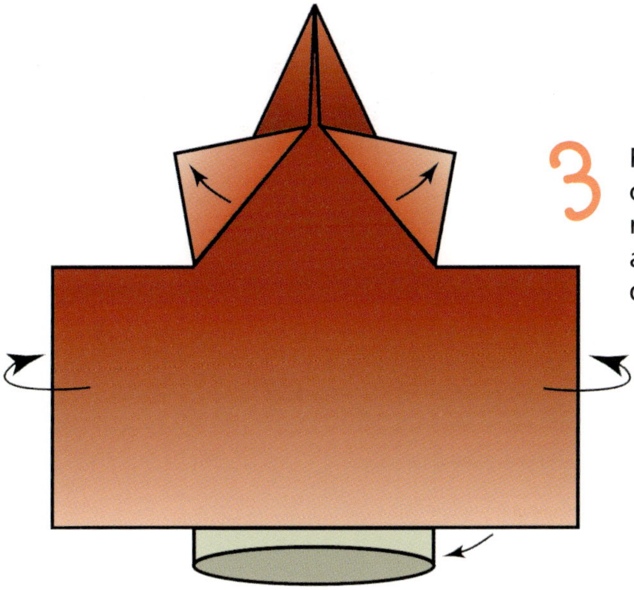

3 Relevez les coins du chapeau. Entourez le rouleau de papier W.C. avec la partie rectangulaire de la figure.

4 Décorez votre Père Noël :

- avec la ouate, réalisez la barbe et la fourrure du chapeau.
- dessinez les yeux avec le marqueur noir et le nez avec le marqueur rouge.
- nouez une ceinture avec la ficelle dorée.

Le bateau

MATÉRIEL

- un papier rectangle de 11 x 8 cm
- un papier carré de 10 x 10 cm • un bâton de bois
- du papier collant • une règle • un crayon

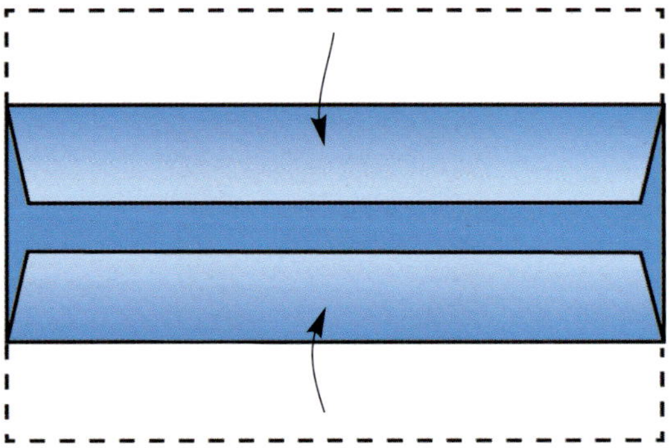

1 Prenez le rectangle de 11 x 8 cm. À 1,5 cm du bord : abaissez la partie supérieure. Relevez la partie inférieure.

2 Relevez et abaissez chaque coin pour bien marquer les plis. Retournez la figure.

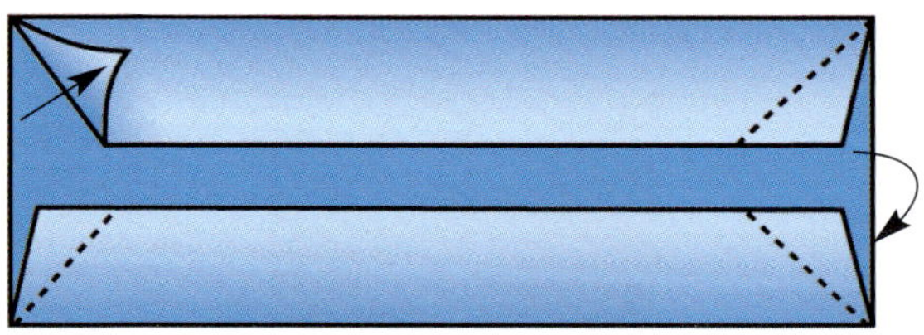

3 Ramenez les deux côtés vers vous. Avec le coin de chaque poche, réalisez un bec comme l'indique le schéma.

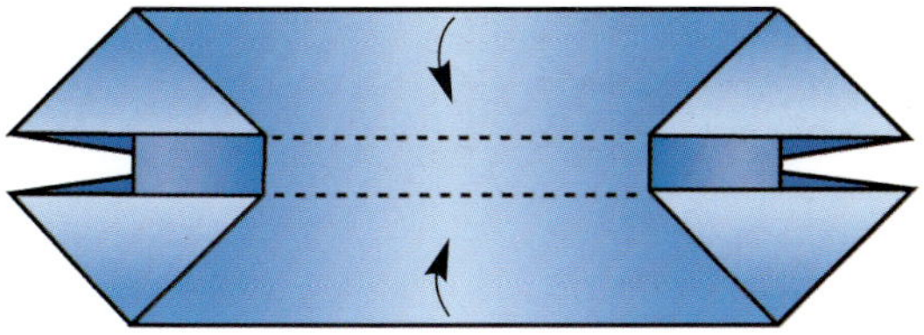

4 À hauteur des becs, abaissez la partie supérieure et relevez la partie inférieure.

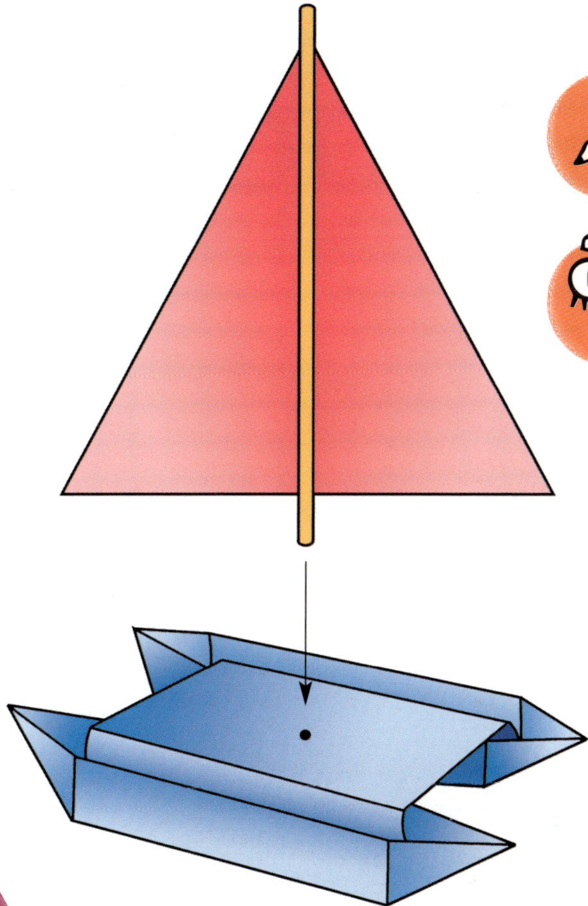

5 Retournez le pliage. Réalisez la voile en découpant un triangle dans la carré de 10 cm. Collez le bâton au milieu de la voile et plantez l'extrémité dans le centre du bateau.

La boule salière

MATÉRIEL

- 6 feuilles carrées de 10 x 10 cm • de la colle
- une aiguille • du fil

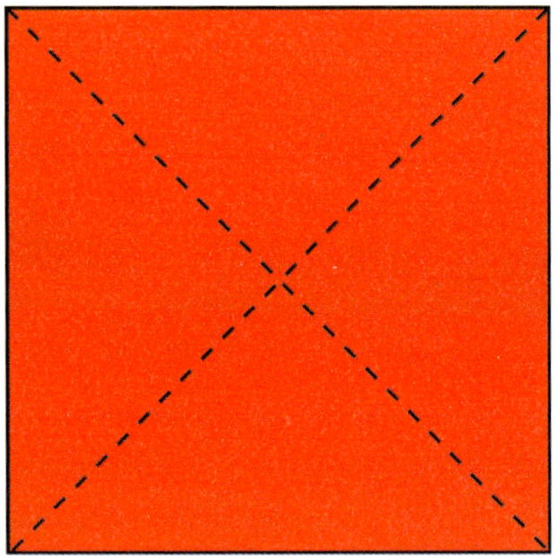

1 Pliez en deux votre papier dans un sens puis dans un autre afin de marquer les plis des deux diagonales.

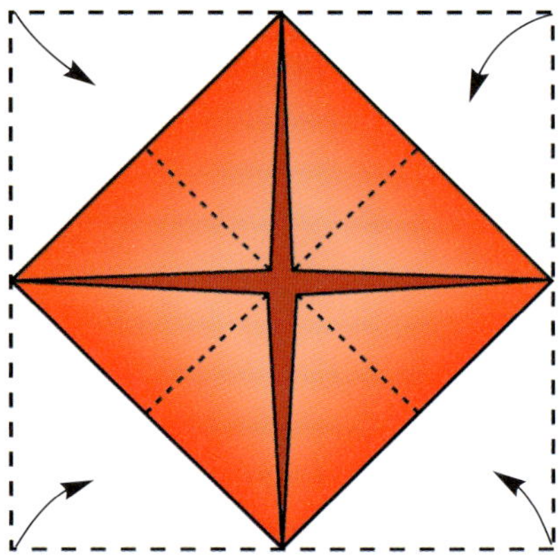

2 Rabattez les quatre angles vers le centre. Vous obtenez un carré que vous retournez.

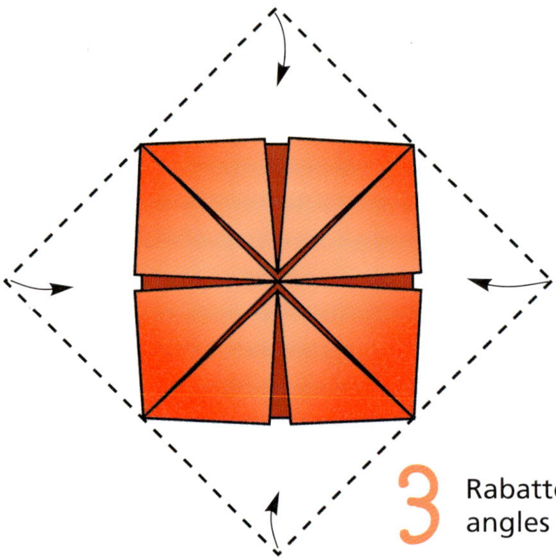

3 Rabattez de nouveau les quatre angles vers le centre.

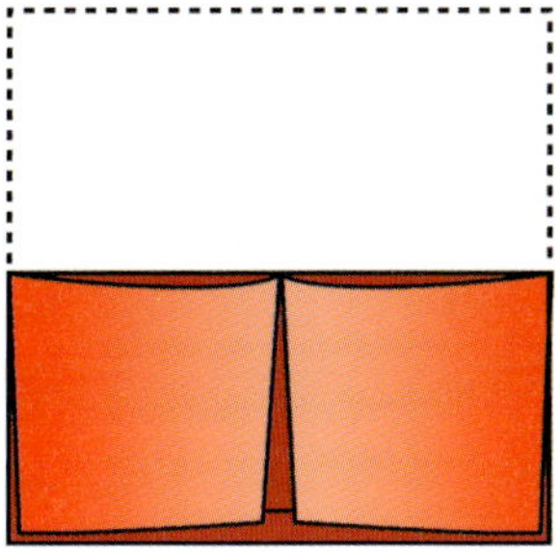

4 Pliez la figure en deux.
Glissez les doigts dans les poches ainsi obtenues.

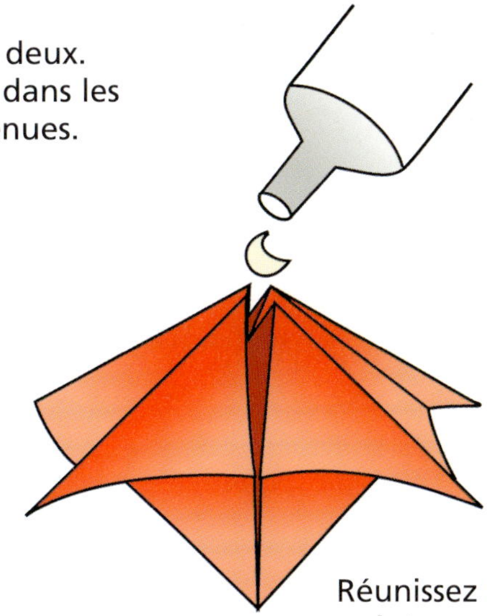

5 Réunissez les pointes pour former une salière. Collez l'intérieur.

6

ASSEMBLAGE

La première salière représente la base sur laquelle vous collez 4 salières à la verticale. Collez la sixième sur le dessus pour terminer l'étoile. Pour suspendre l'étoile, passez un fil dans l'une des pointes.

Le porte-cartes

MATÉRIEL

- une feuille de papier carrée de 21 x 21 cm

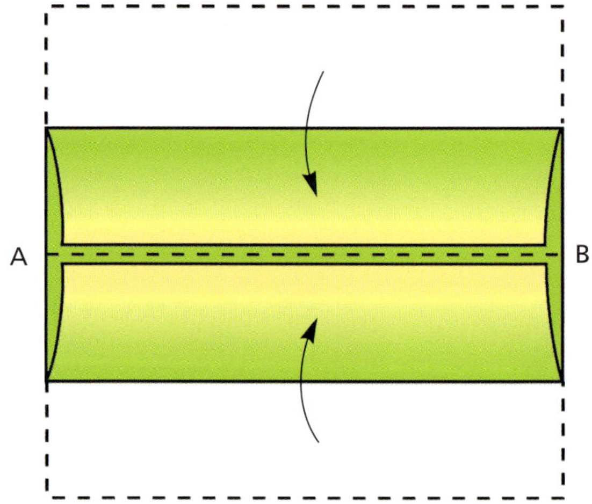

1 Marquez le pli central AB. Rabattez la partie supérieure et inférieure sur la médiane AB.

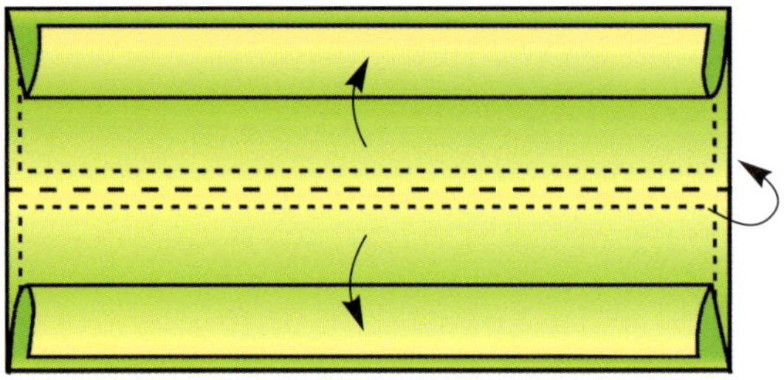

2 Repliez chaque partie vers l'extérieur. Retournez le pliage.

3 Marquez le pli central CD et rabattez les côtés sur ce pli.

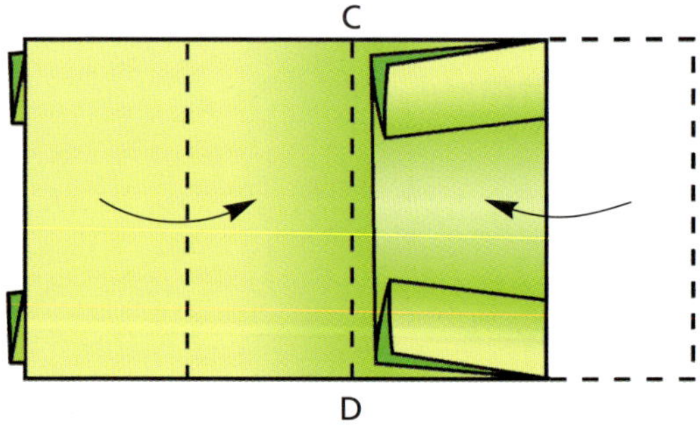

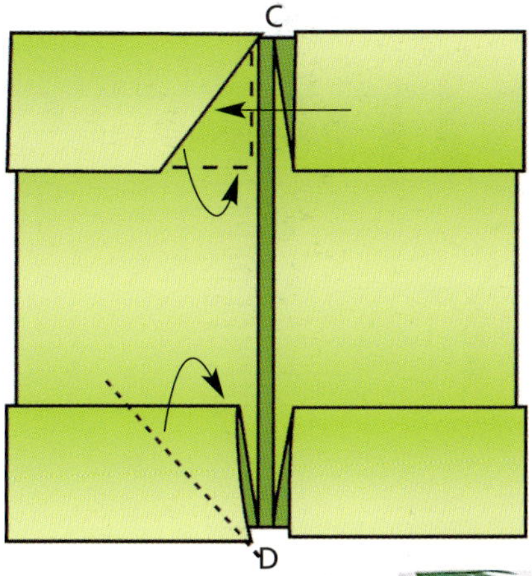

4 Rentrez les pointes des pattes du côté gauche. Glissez ensuite les pattes de droite à l'intérieur des pattes de gauche.

5 Posez le porte-cartes sur une face. Glissez vos cartes à l'intérieur des pattes.

Le cœur panier

MATÉRIEL
- une feuille de papier d'une ou de deux couleurs différentes
- un crayon • un compas • une règle • de la colle

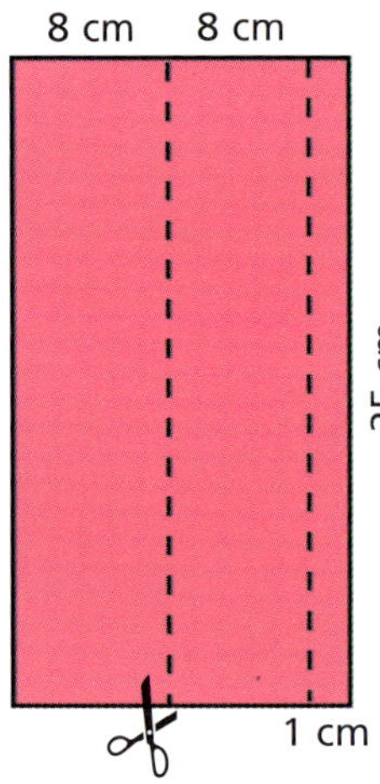

1 Découpez deux rectangles de 25 x 8 cm et une languette de 25 x 1 cm.

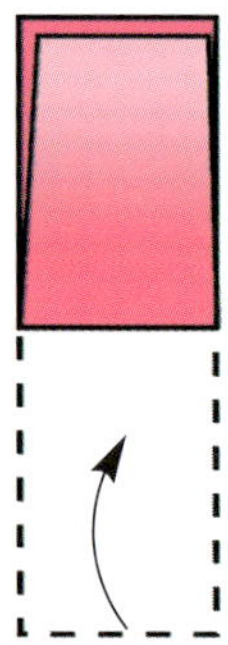

2 Pliez chaque rectangle en deux en remontant la partie inférieure.

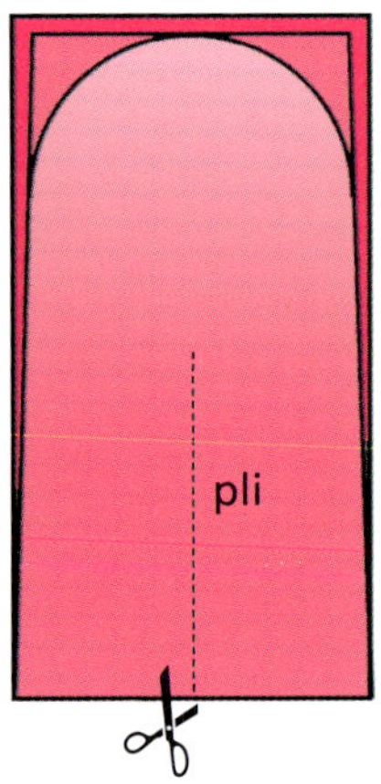

3 Avec le compas, dessinez une courbe sur la partie supérieure. Découpez. À partir du pli, tracez et découpez une fente de 8,5 cm, au milieu du rectangle.

MONTAGE :

4 Glissez la patte C dans la patte B.

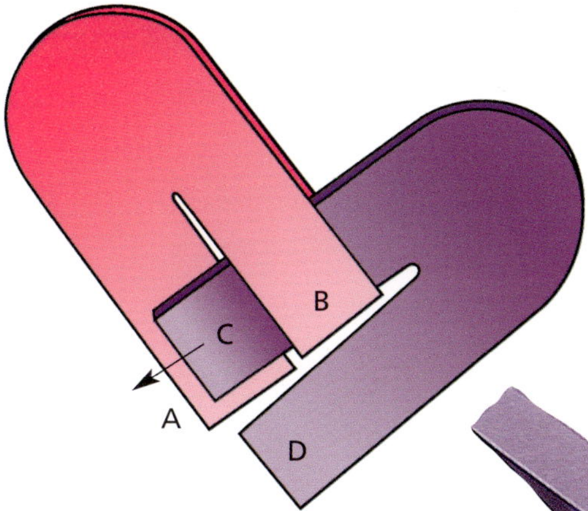

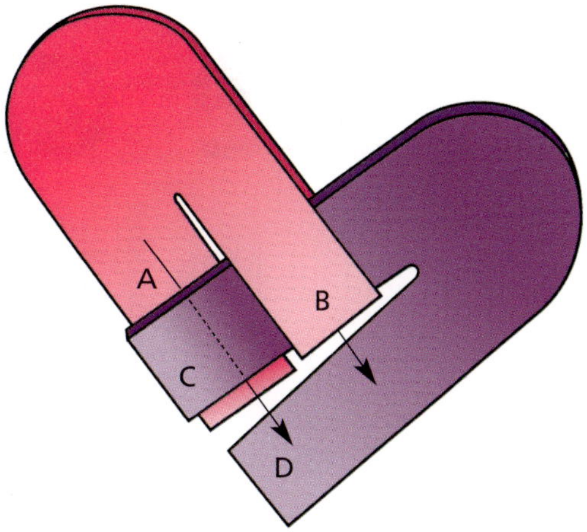

5 Glissez la patte A dans la patte C.

6 Glissez la patte B dans la patte D. Intercalez ensuite l'extrémité de la patte D dans la patte A. Pour terminer le panier, collez les extrémités de la languette à l'intérieur du cœur.

Le cadre photo

MATÉRIEL

Pour encadrer une photo de 10 x 15 cm : une feuille de couleur assez épaisse de 21,5 cm x 21,5 cm • de la colle

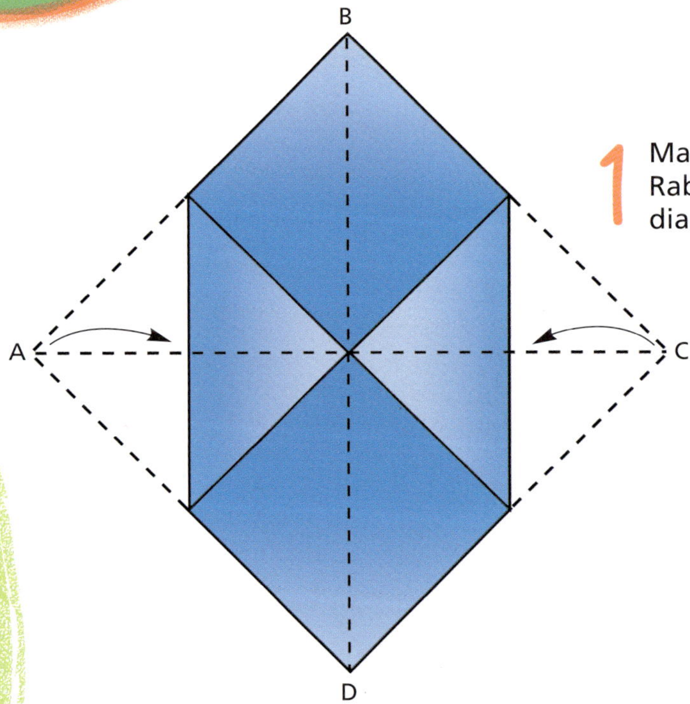

1 Marquez le pli diagonal AC et BD. Rabattez les angles A et C sur cette diagonale. Retournez la figure.

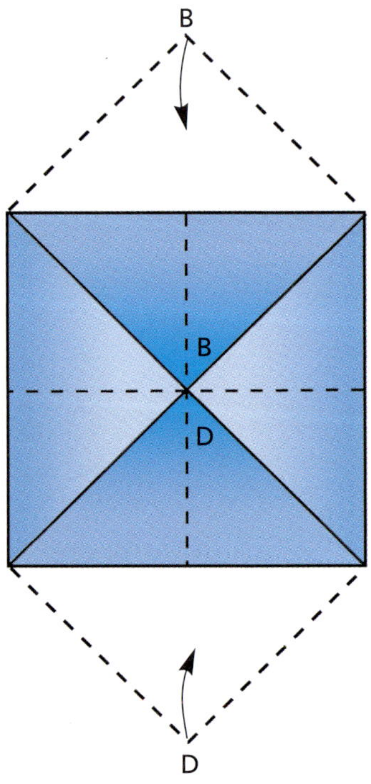

2 Ramenez les angles B et D au centre de la figure.

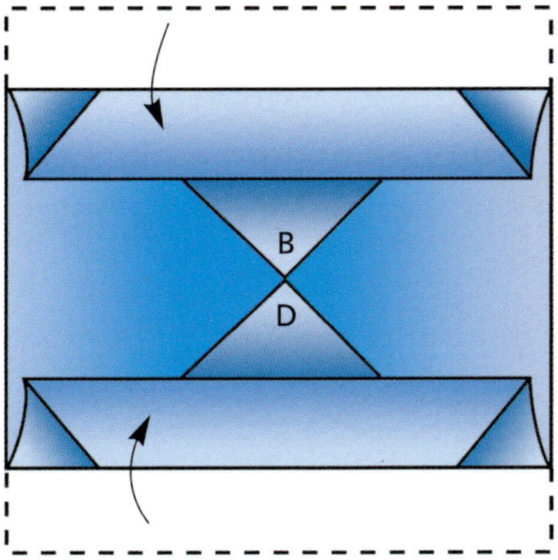

3 Rabattez le bord supérieur et inférieur de la figure sur 2,5 cm et collez-les. Les coins serviront à tenir la photo.

4 Pour faire tenir le cadre, ouvrez les deux angles à l'arrière.

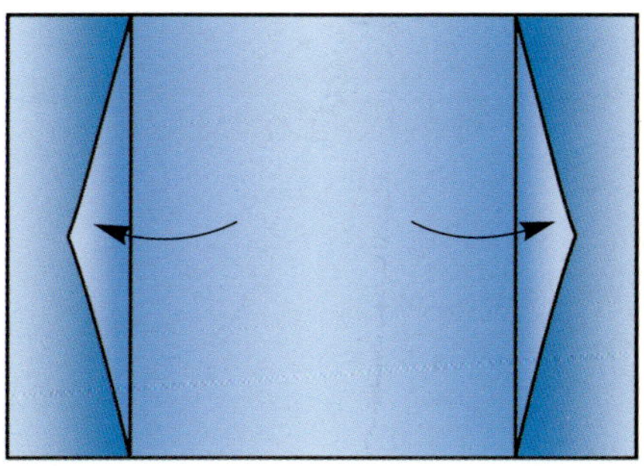

L'étoile pliée

MATÉRIEL

- une feuille de papier carrée de 10 x 10 cm
- une règle • des ciseaux

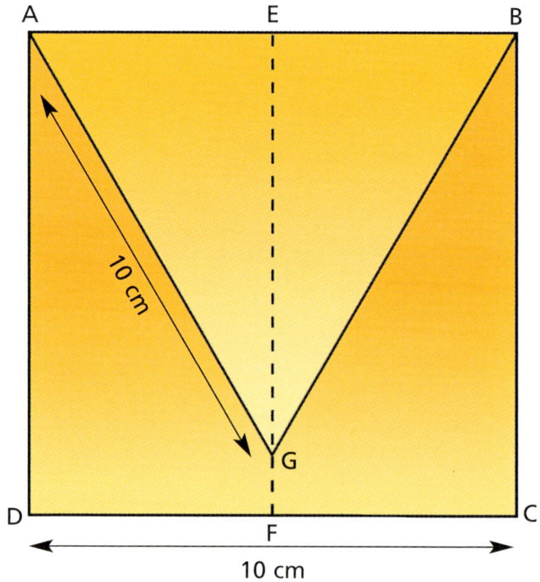

1 Réalisez un triangle équilatéral dans le carré de 10 cm : tracez légèrement au crayon la médiane EF. Tracez ensuite une ligne de 10 cm du point A à la médiane, puis du point B ; on obtient le point G. Découpez le triangle obtenu.

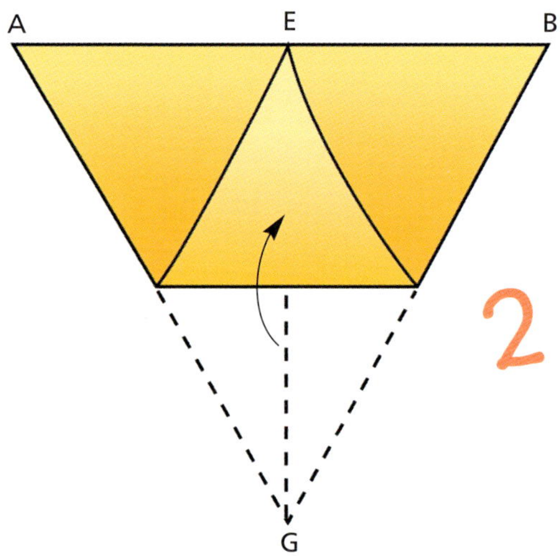

2 Rabattez la pointe G sur le point E en marquant bien le pli. Ouvrez la figure et pliez les pointes A et B de la même manière (les plis précédents marquent le centre). Gommez le trait de crayon.

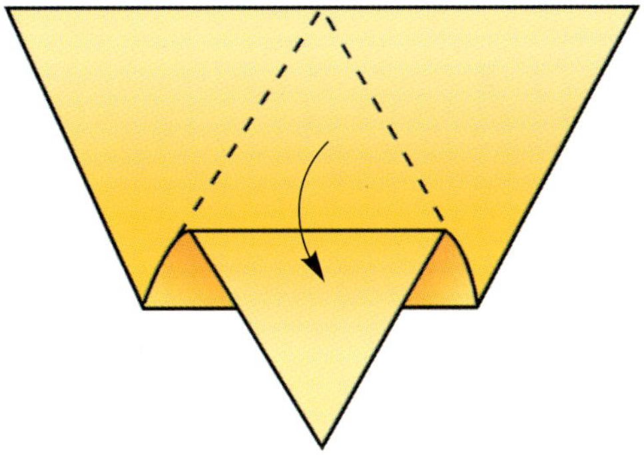

3 À chaque côté, réalisez un deuxième pli d'1 cm.

4 Intercalez les extrémités dessus, dessous afin de bien fermer l'étoile.

Vous obtenez des modèles différents suivant la grandeur du repli et la position pliée ou dépliée des branches.

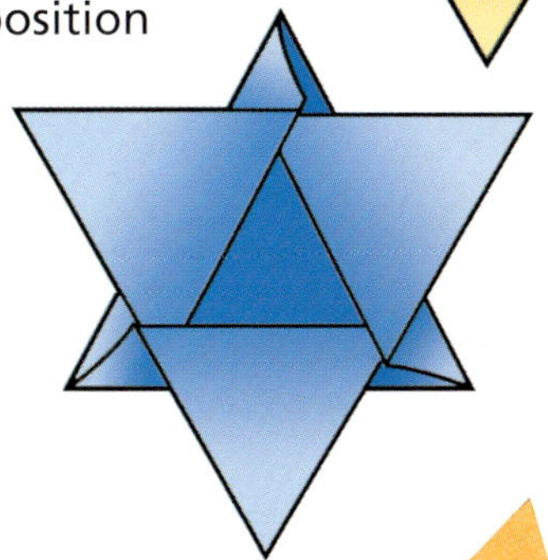

L'avion espion

MATÉRIEL

• une feuille rectangulaire de 21 x 30 cm

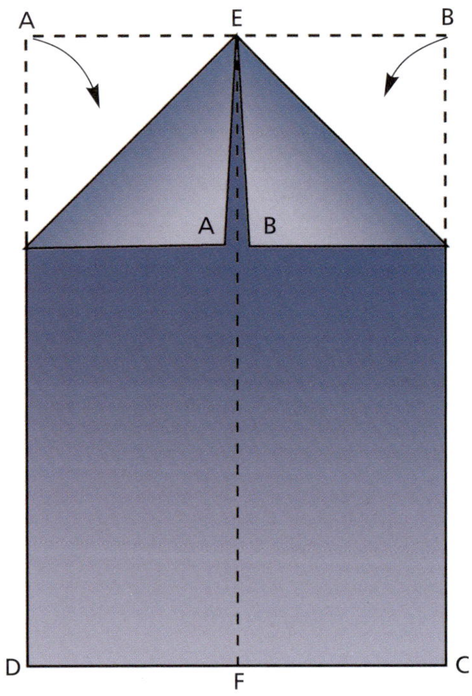

1 Marquez le pli central EF et rabattez les angles A et B sur ce pli.

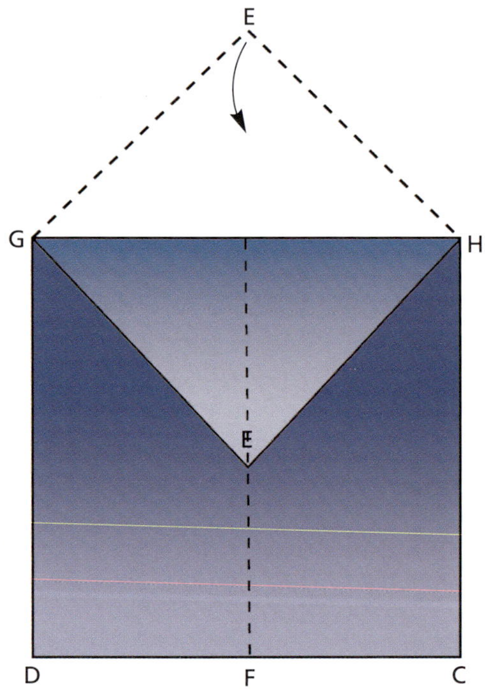

2 Abaissez la pointe E sous les angles AB.

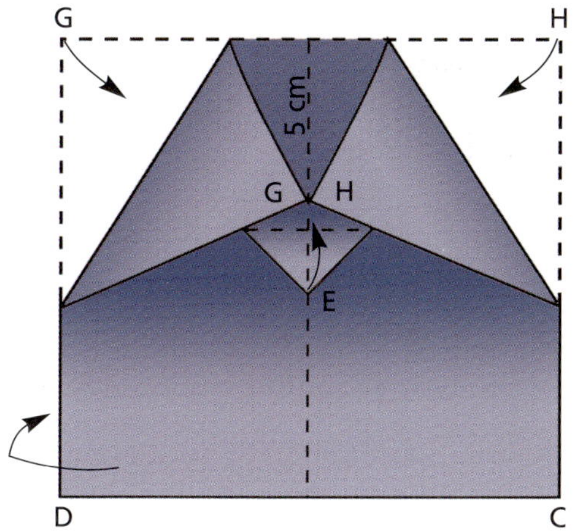

3 Abaissez les pointes G et H sur le pli central, à 5 cm du bord. Relevez la pointe E sur les coins G et H. Pliez la partie gauche derrière la partie droite.

4 Tenez l'avion à l'horizontale. Abaissez les ailes à l'horizontale au pli 1. Remontez ensuite l'extrémité des ailes à la verticale, au pli 2.

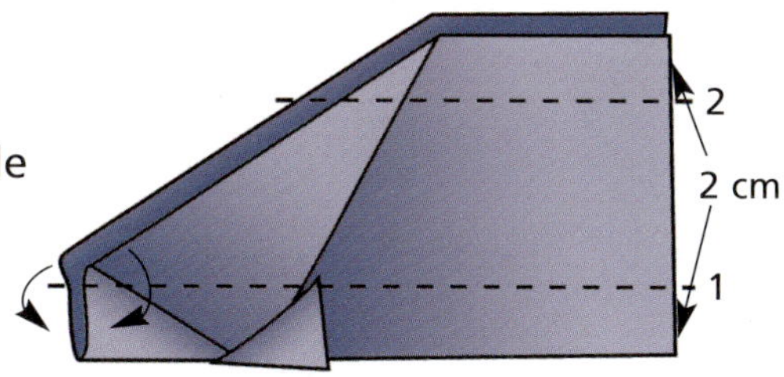

Le diable

MATÉRIEL

- une feuille carrée noire de 20 x 20 cm
- du papier blanc et rouge • de la colle
- du papier collant • un bâton pour brochettes

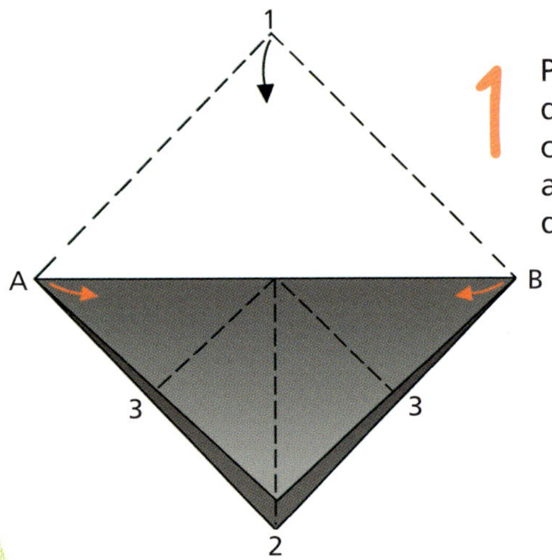

1 Pliez la feuille noire en deux, le long de la diagonale AB. Marquez le pli central 2. Marquez les plis 3 en abaissant les pointes A et B le long des pointillés 2.

2 Faites entrer les pointes A et B à l'intérieur de la figure, en suivant les plis 3.

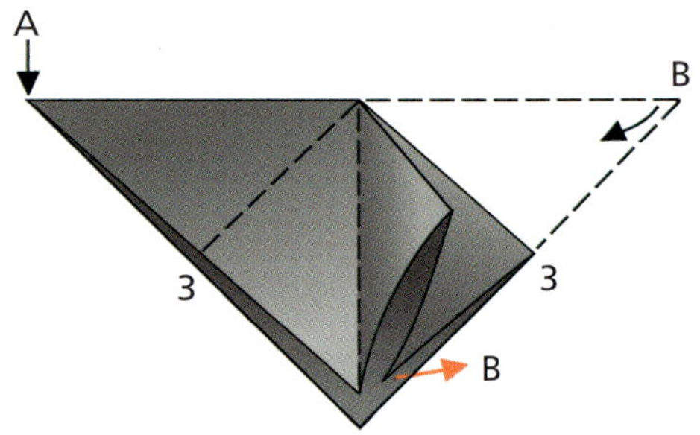

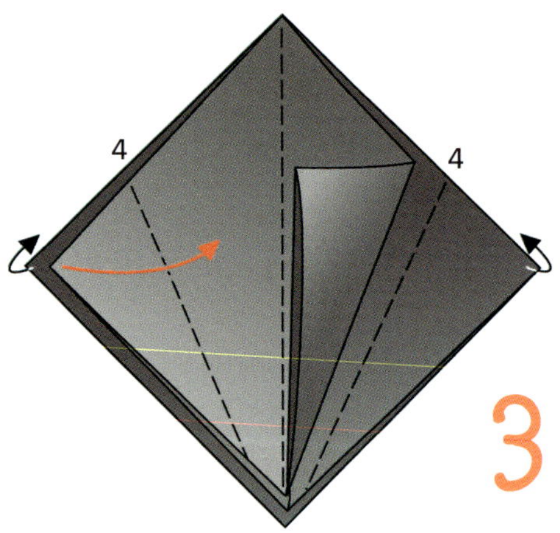

3 À l'avant, puis à l'arrière, pliez chaque côté vers le centre. Écrasez bien les plis puis dépliez.

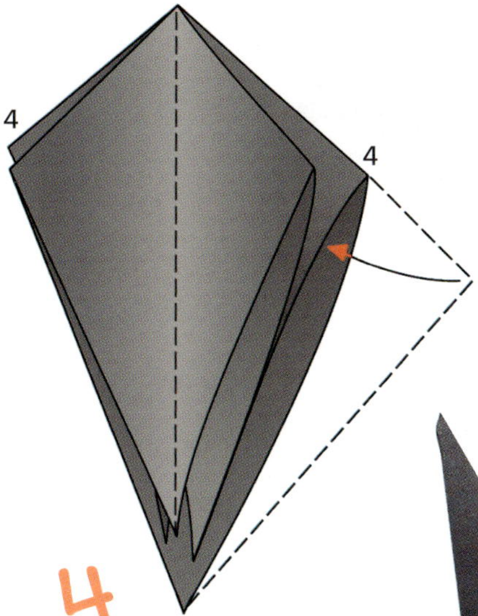

4

De nouveau, faites rentrer les quatre côtés vers l'intérieur, en suivant les plis 4.

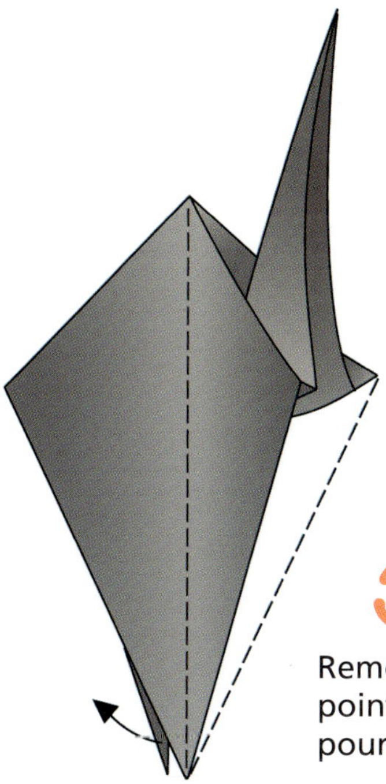

5

Remontez les deux pointes intérieures pour faire les oreilles.

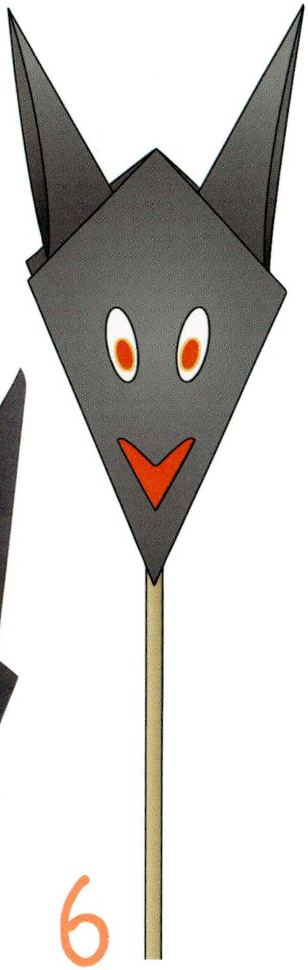

6

Attachez la tige en bois à l'intérieur, sur une face, avec du papier collant. Collez ensuite l'intérieur de la tête avec un peu de colle. Dessinez ou collez la bouche et les yeux réalisés dans du papier blanc et rouge.

Le fantôme volant

MATÉRIEL

- une fine feuille de 10 x 15 cm
- des ciseaux • un fin marqueur noir

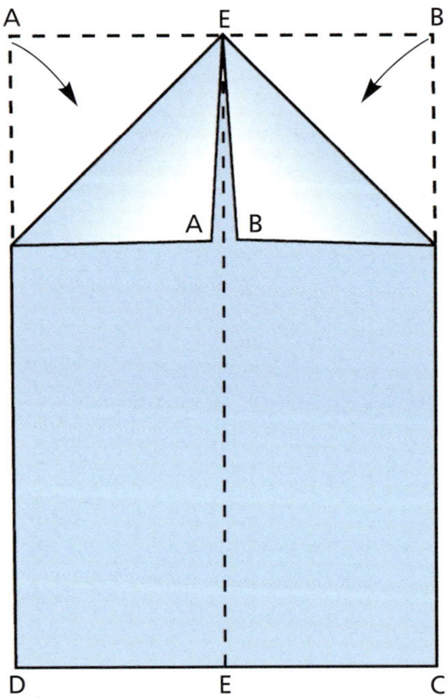

1 Pliez la feuille en deux pour marquer le pli central EF. Ramenez les angles A et B sur le pli EF.

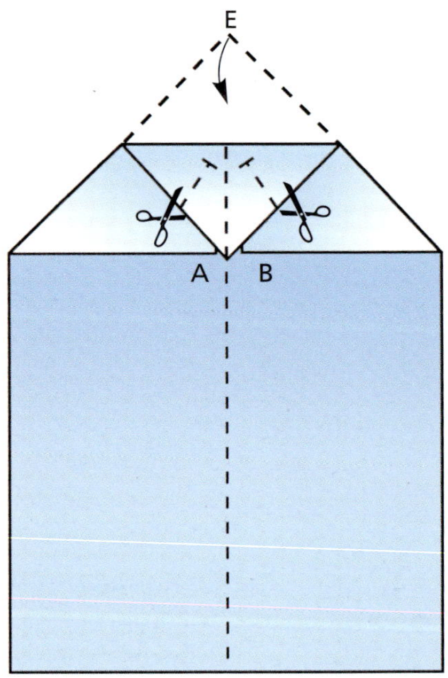

2 Abaissez la pointe E jusqu'aux angles AB. Coupez la pointe comme l'indique le schéma.

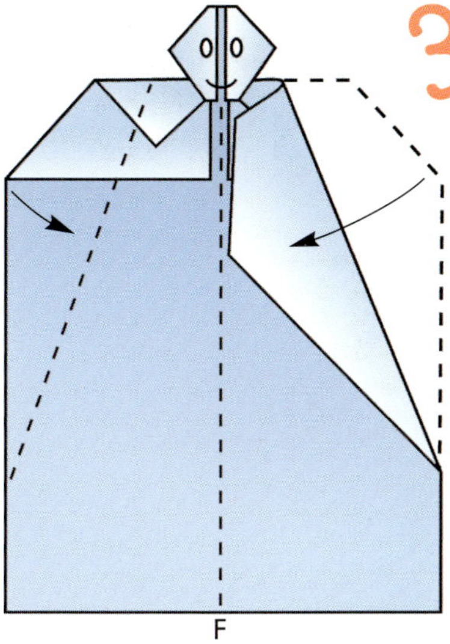

3 Remontez la tête et dessinez-la.
Rabattez les côtés sur le pli EF.

Le fantôme : faites-le tenir droit sur ses pieds en écartant légèrement les ailes.
L'avion : refermez le pliage et maintenez les ailes à l'horizontale.

4 Ramenez le côté gauche sur le côté droit. Tenez ensuite la figure à l'horizontale.

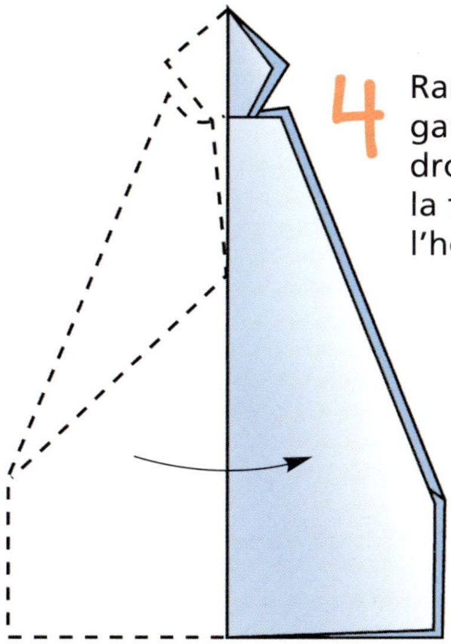

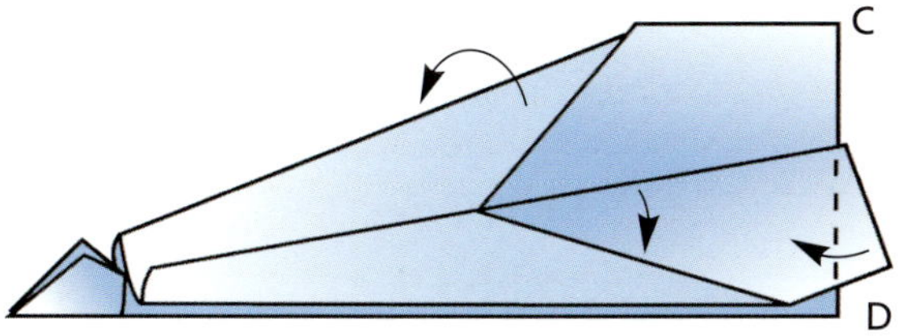

5 Repliez de nouveau les côtés vers l'extérieur en marquant bien les plis. Relevez les angles DC.

Le casque viking

MATÉRIEL

- une grande feuille de papier carrée de 60 x 60 cm
- des ciseaux • des agrafes

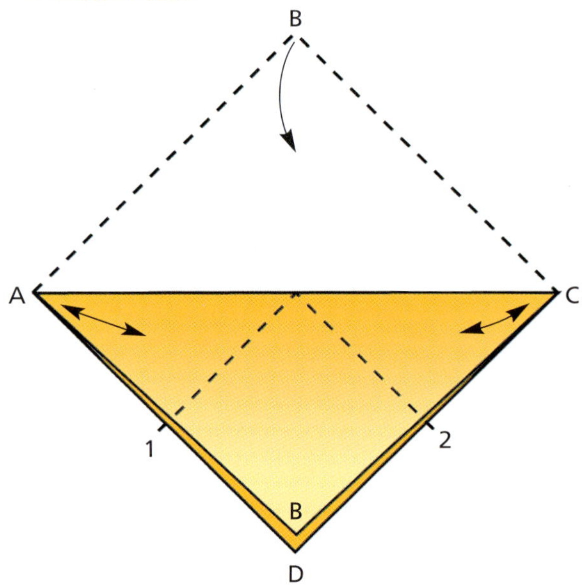

1 Pliez la feuille en deux, le long de la diagonale AC. Marquez fortement les plis 1 et 2 en ramenant les pointes sur la pointe D.

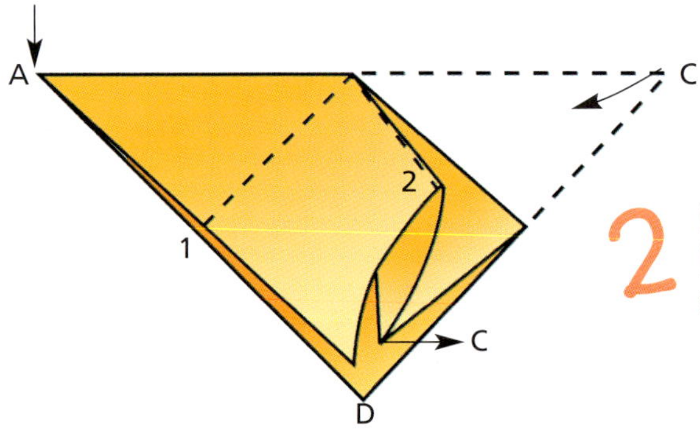

2 Faites entrer les pointes A et C à l'intérieur de la figure, en suivant les plis 1 et 2.

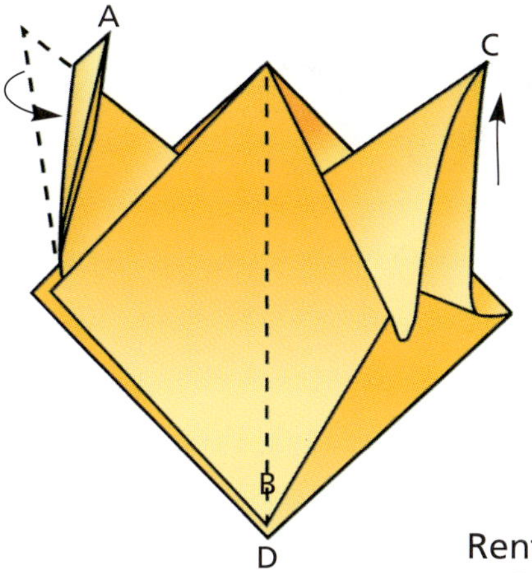

3

Remontez les pointes A et C aux 2/3 de la hauteur et pliez-les légèrement vers l'intérieur.

4

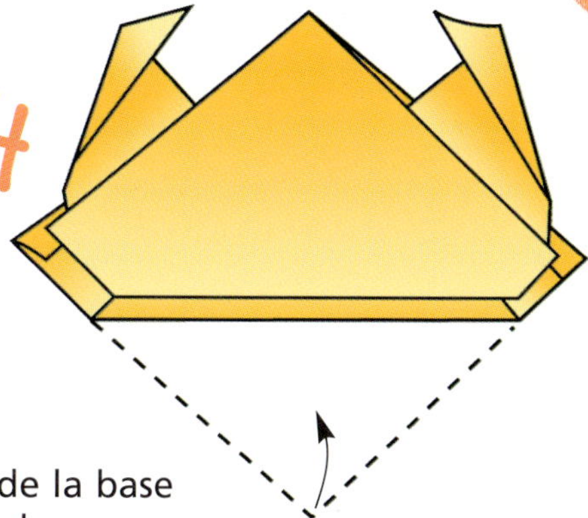

Rentrez les pointes B et D à l'intérieur de la figure.

5

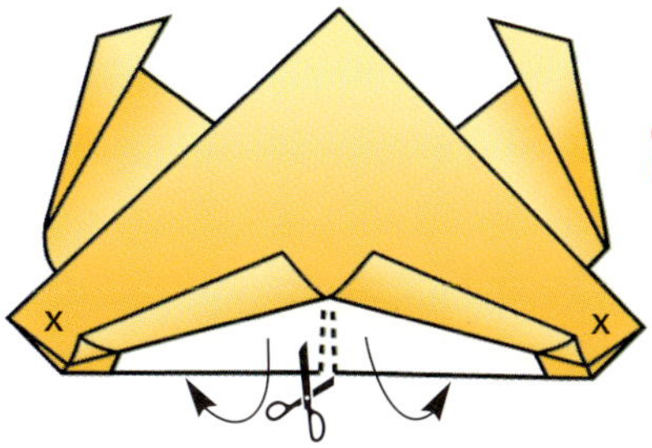

Entaillez le milieu de la base du chapeau sur quelques cm. Réalisez un bord en oblique de chaque côté. Agrafez les côtés à l'emplacement des croix.

QUELQUES DÉCOUPES

Le poisson volant

MATÉRIEL

- un rectangle de 21 cm x 2,5 cm • des ciseaux
- une règle • un crayon • deux pastilles de couleur

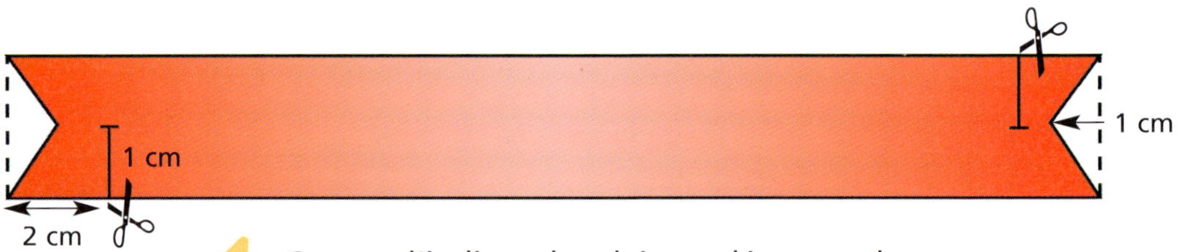

1 Comme l'indique le schéma : découpez les extrémités et réalisez deux entailles.

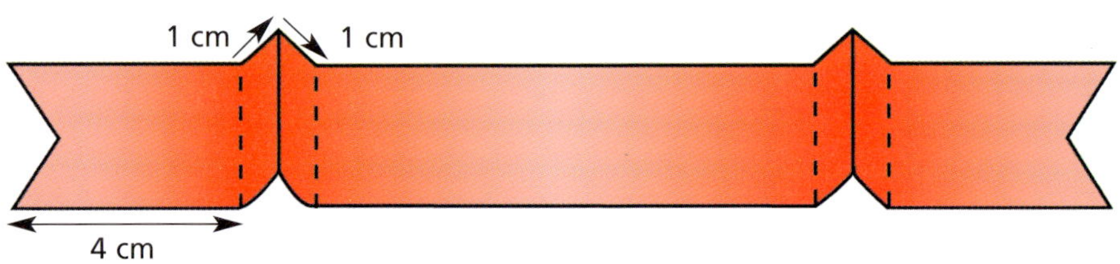

2 À 4 cm de chaque côté, réalisez un double pli d'un cm pour les nageoires.

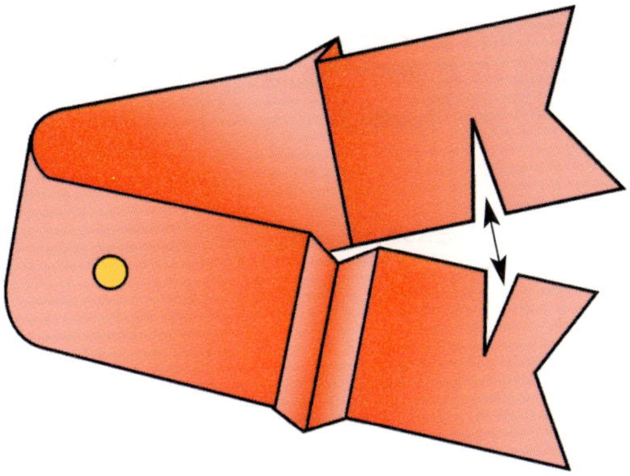

3 Assemblez le poisson en intercalant les entailles. Collez les pastilles pour faire les yeux.

4 Lancez le poisson en l'air par la nageoire supérieure. Il retombe sur le sol en tournoyant comme une toupie.

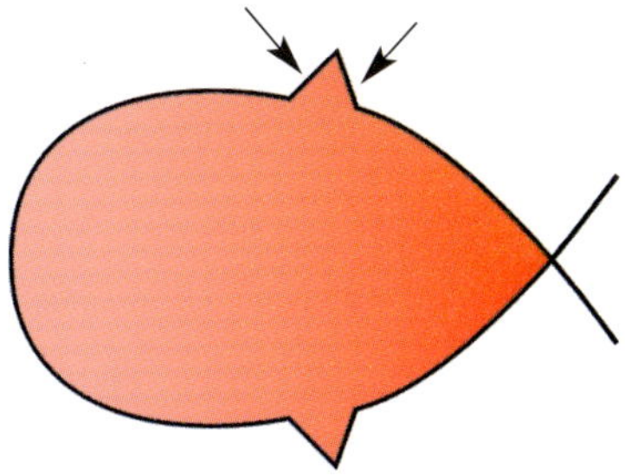

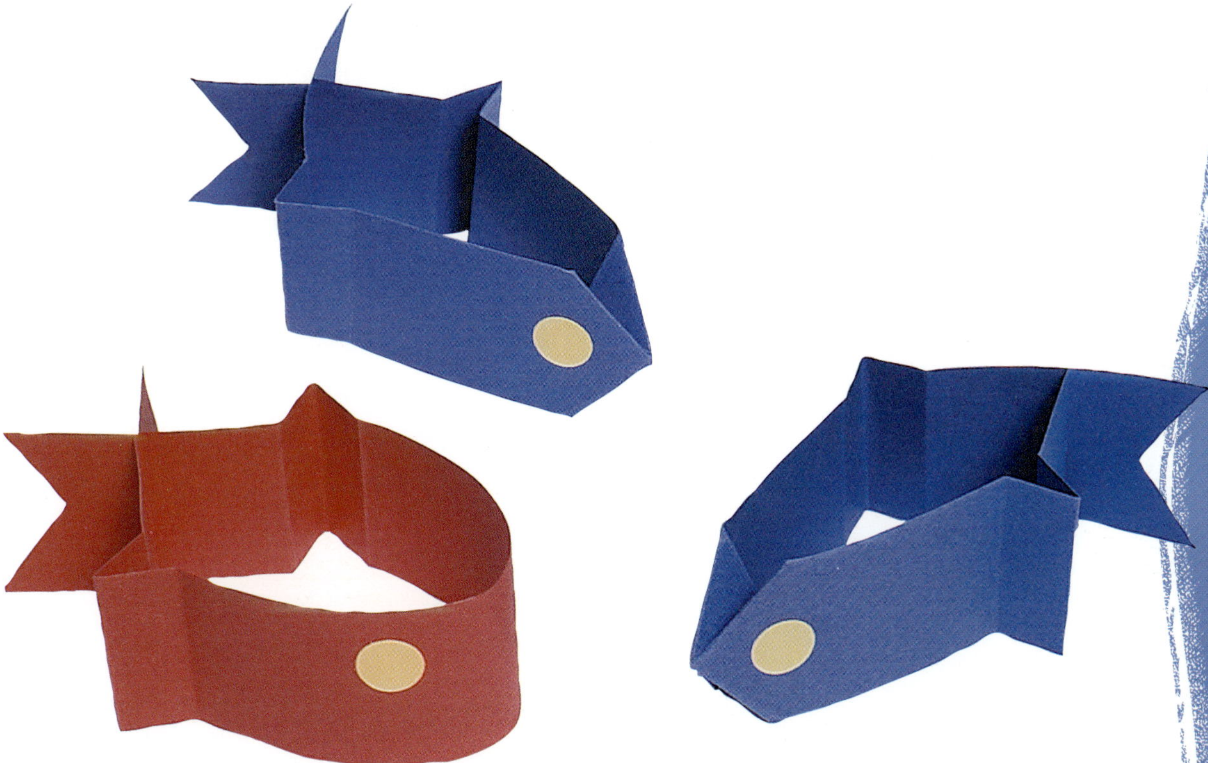

L'arbre

MATÉRIEL

• une fine feuille de 21 x 30 cm : vert clair et vert foncé • un carré de 8 x 8 cm marron • de la colle • des ciseaux

Travaillez soit avec une seule feuille ou deux feuilles de couleurs différentes pour donner du contraste au feuillage.

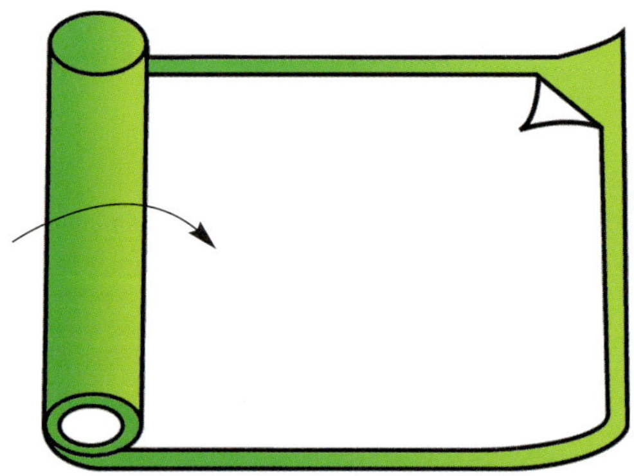

1 Superposez la feuille vert clair sur la feuille vert foncé. Roulez-les ensemble sur la grosseur d'un doigt.

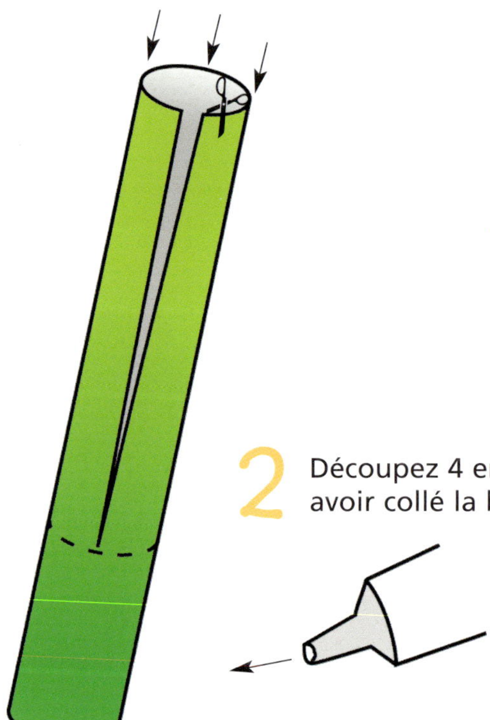

2 Découpez 4 entailles de 14 cm après avoir collé la base de l'arbre sur 7 cm.

3 Coupez les extrémités en pointe sur 1,5 cm. Abaissez chaque papier et roulez-le délicatement avec les ciseaux ou un crayon. Collez le carré marron autour de la base pour faire le tronc.

Vous pouvez agrandir votre arbre en tirant l'intérieur du tronc vers le haut.

La guirlande de l'amitié

MATÉRIEL

• plusieurs feuilles de papier couleur selon la longueur désirée • un crayon • des ciseaux • du papier collant

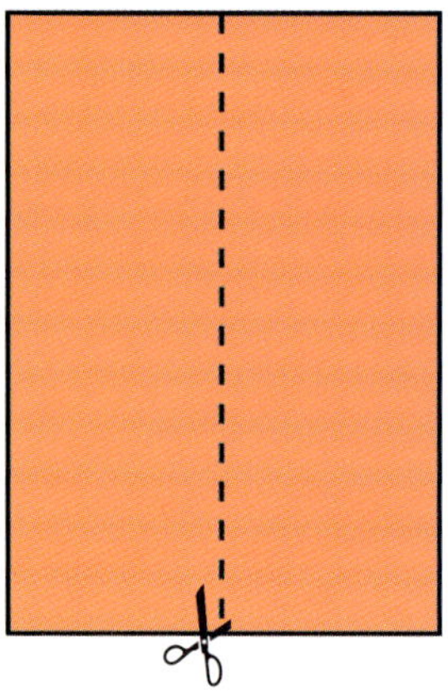

1 Avec chaque feuille, réalisez deux rectangles en pliant la feuille en deux.

2 Assemblez les rectangles avec le papier collant en évitant de faire une trop grosse épaisseur à découper.

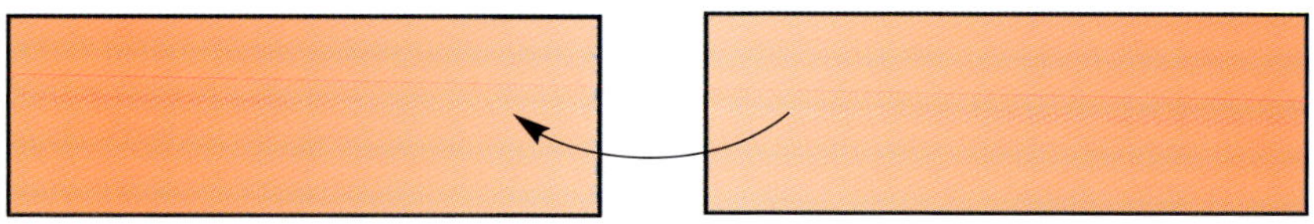

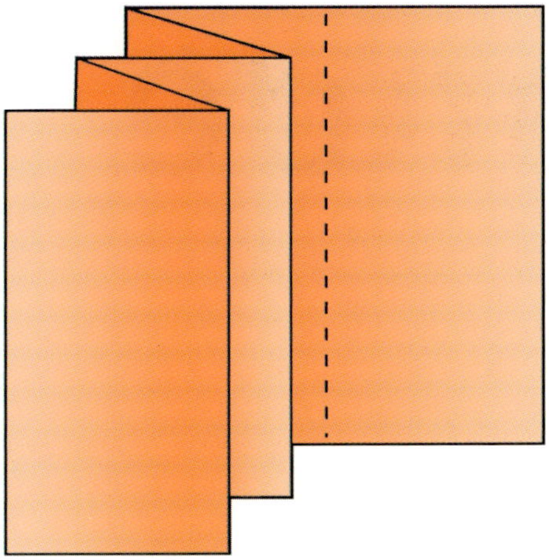

3 Pliez le rectangle en accordéon. La largeur du pli est en fonction de la largeur du dessin.

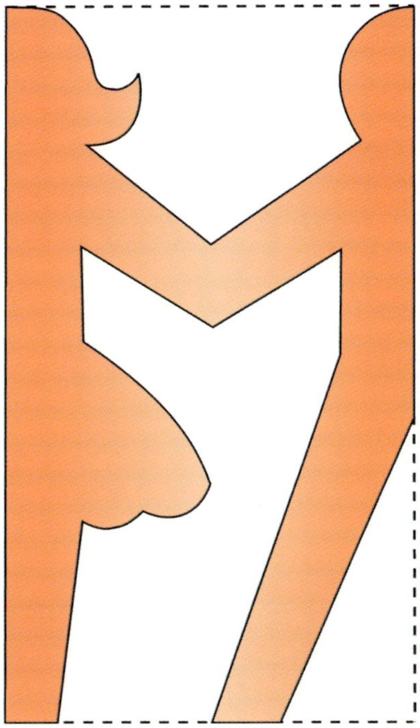

4 Reproduisez le dessin sur la première face. Découpez l'ensemble bien plié.

L'hélicoptère

MATÉRIEL

• un rectangle de 20 x 3 cm de papier ordinaire ou du carton fin ondulé • une règle • des ciseaux • de la colle ou des agrafes

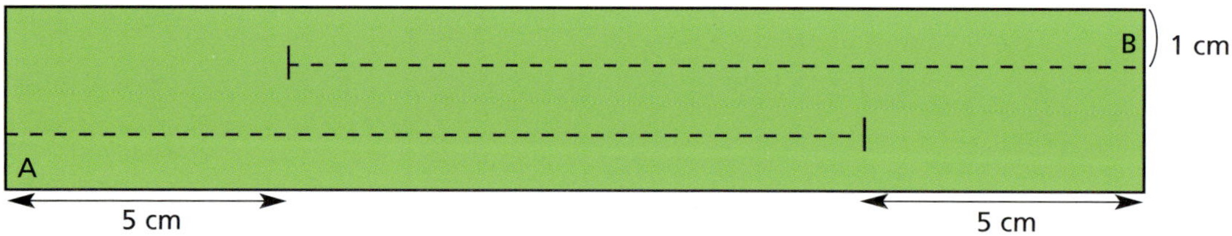

1 Dans le rectangle de 20 x 3 cm, découpez les 3\4 de la longueur selon les pointillés.

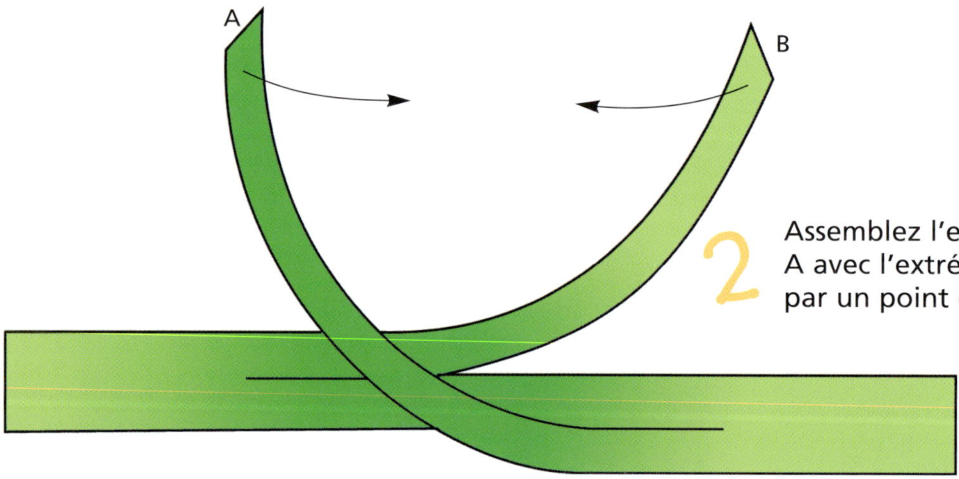

2 Assemblez l'extrémité A avec l'extrémité B par un point de colle.

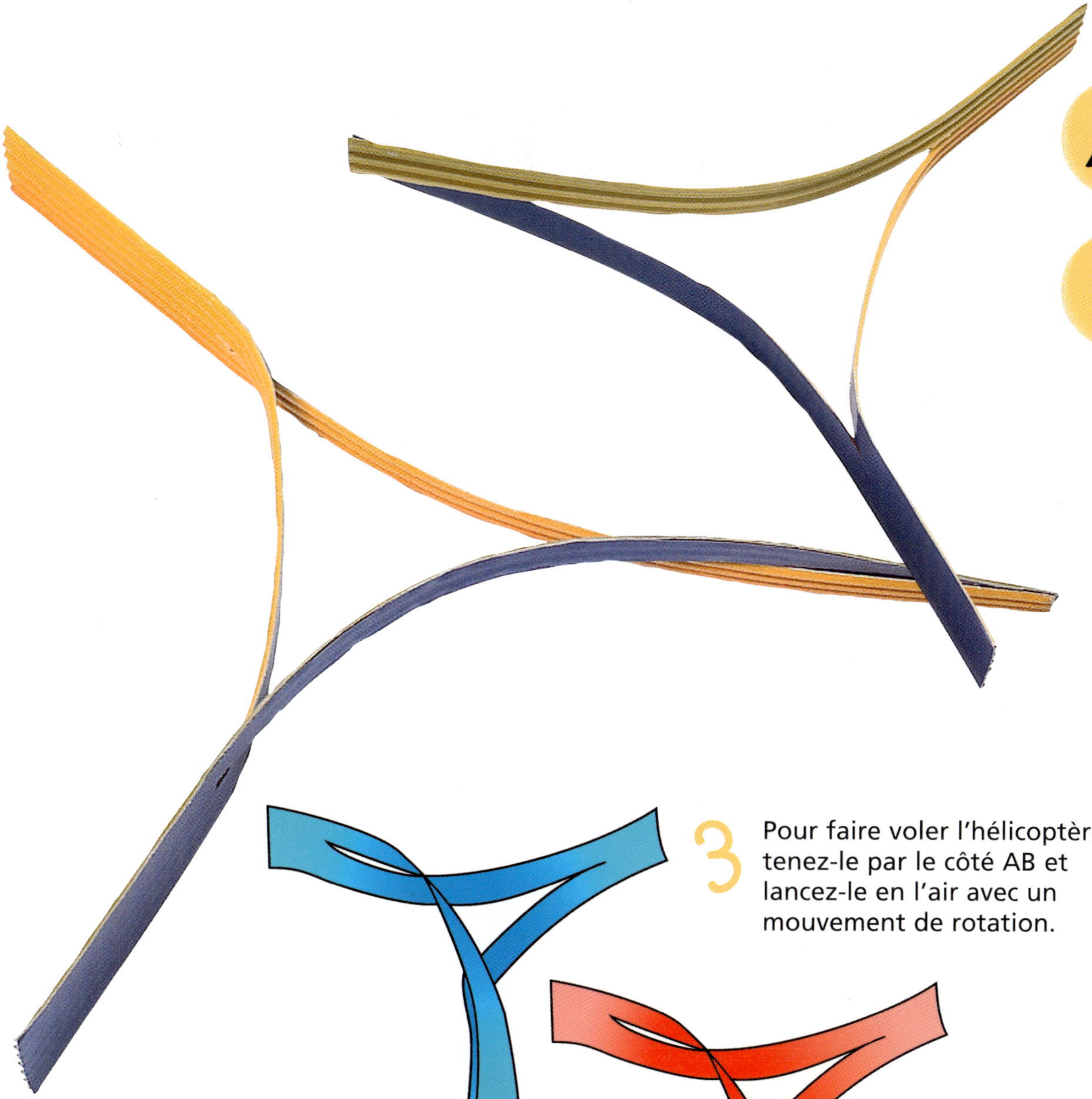

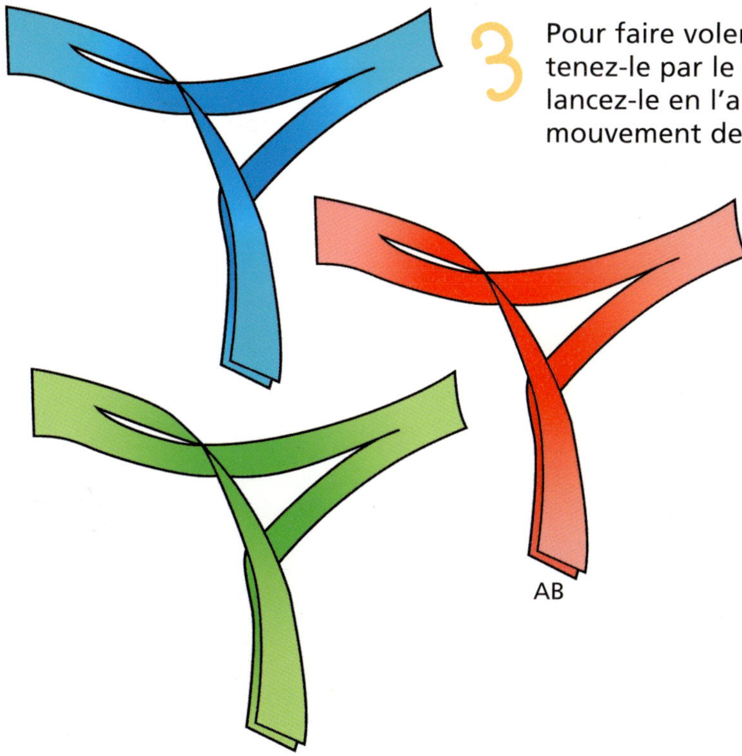

3 Pour faire voler l'hélicoptère, tenez-le par le côté AB et lancez-le en l'air avec un mouvement de rotation.

la guirlande infinie

MATÉRIEL

- des feuilles de différentes couleurs
- une règle • un crayon • des ciseaux
- du papier collant

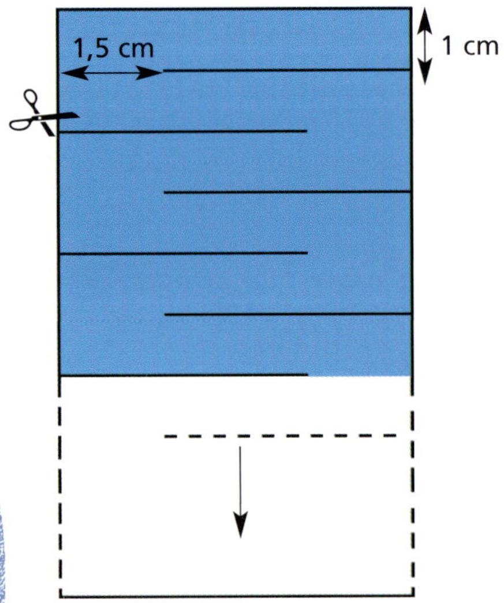

Le nombre de feuilles varie en fonction de la longueur désirée de la guirlande. Préparez plusieurs rectangles de 30 x 10 cm. Dans chaque rectangle, réalisez des découpes inversées, espacées d'un centimètre. Assemblez les guirlandes avec du papier collant.

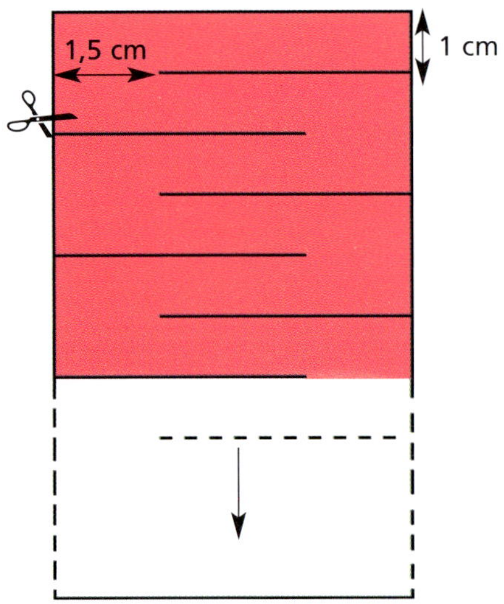

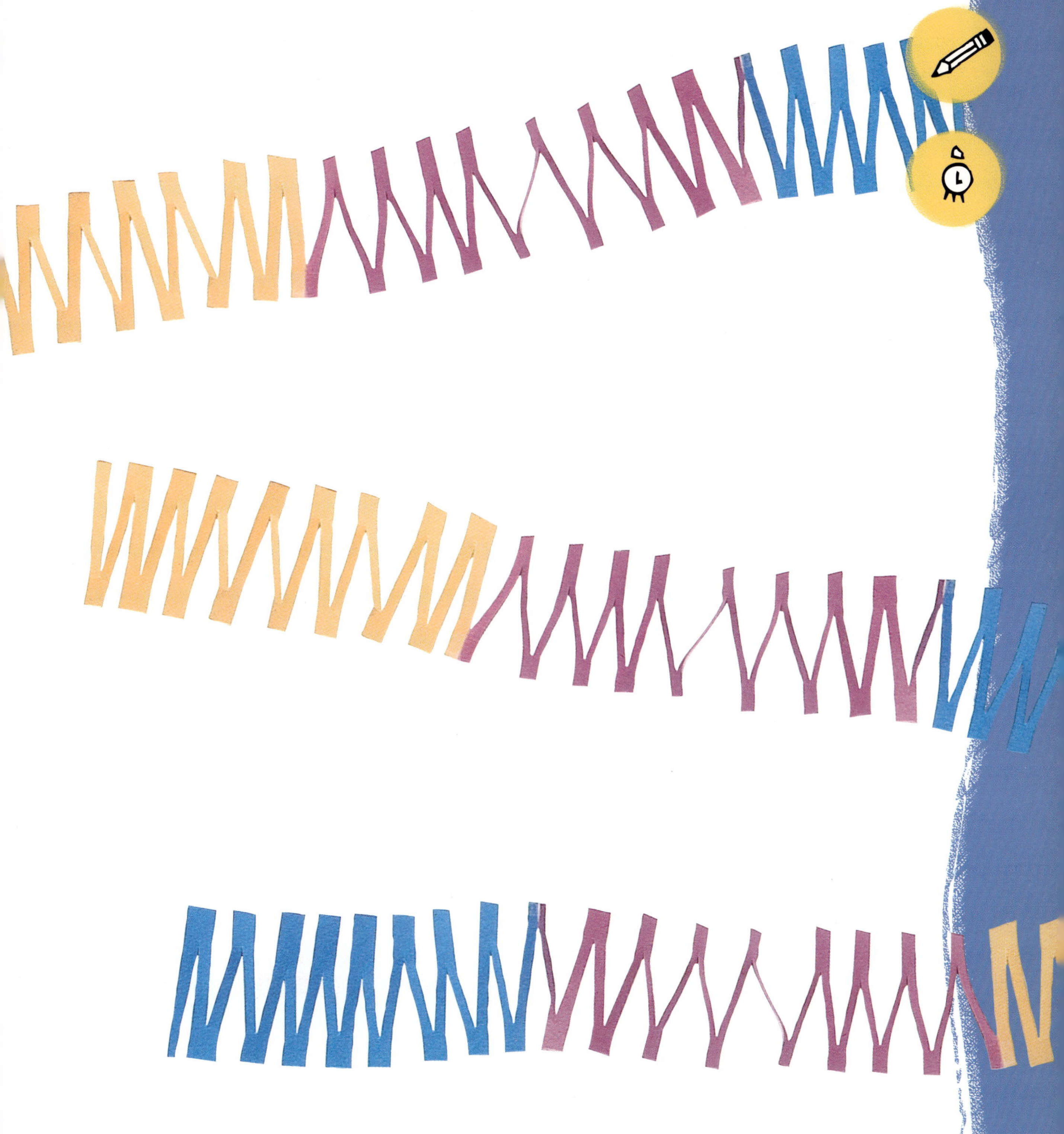

Imprimé en France par Pollina, Luçon - N° L96223
Dépôt légal janvier 2005; D2004/0053/61.
Déposé au ministère de la Justice (loi n° 49.956 du 16 juillet 1949
sur les publications destinées à la jeunesse).

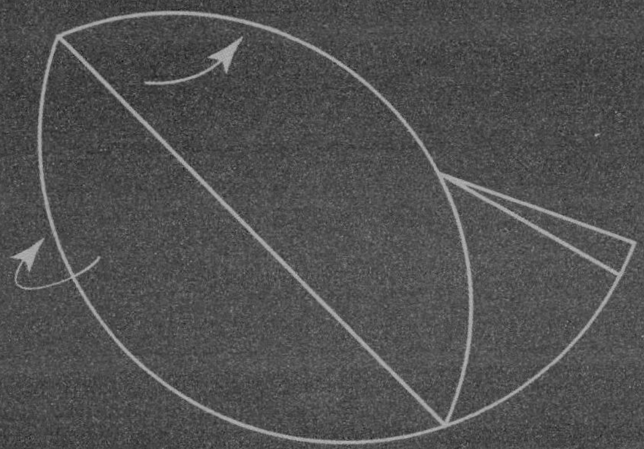

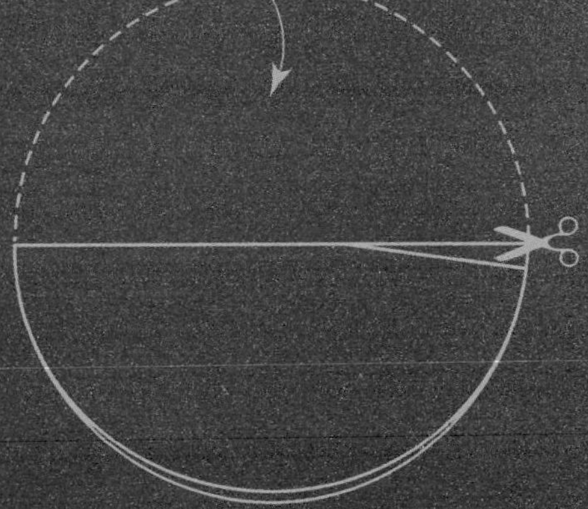